全 国 新 闻 出 版 系 统 职 业 院 校 统 编 教 材

图书分类学

TUSHU
FENLEIXUE

主　审：杨保育
主　编：张　明
参　编：李　祯

PRESS AND PUBLISHING

北京师范大学出版集团
BEIJING NORMAL UNIVERSITY PUBLISHING GROUP
北京师范大学出版社

图书在版编目(CIP)数据

图书分类学 / 张明主编. —北京：北京师范大学出版社，2019. 3

ISBN 978-7-303-22388-6

Ⅰ. ①图… Ⅱ. ①张… Ⅲ. ①图书分类学—高等职业教育—教材 Ⅳ. ①G254. 11

中国版本图书馆 CIP 数据核字(2018)第 114065 号

营销中心电话 010-58802181 58805532
北师大出版社职业教育与教师教育分社网 http://zjfs. bnup. com
电子信箱 zhijiao@bnupg. com

出版发行：北京师范大学出版社 www. bnup. com
北京市海淀区新街口外大街 19 号
邮政编码：100875
印　　刷：北京玺诚印务有限公司
经　　销：全国新华书店
开　　本：787 mm×1092 mm 1/16
印　　张：11. 5
字　　数：260 千字
版　　次：2019 年 3 月第 1 版
印　　次：2019 年 3 月第 1 次印刷
定　　价：25. 80 元

策划编辑：易　新　　责任编辑：易　新
美术编辑：焦　丽　　装帧设计：焦　丽
责任校对：段立超　　责任印制：陈　涛

序 言

以习近平同志为核心的党中央高度重视职业教育工作。2014 年，全国职业教育工作会议召开，习近平总书记就加快发展职业教育作出重要指示，强调职业教育是国民教育体系和人力资源开发的重要组成部分，是广大青年打开通往成功成才大门的重要途径，肩负着培养多样化人才、传承技术技能、促进就业创业的重要职责，必须高度重视、加快发展。2017 年，中华职业教育社成立 100 周年之际，习近平总书记专门致信祝贺，关心指导职业教育发展。在党的十九大上，习近平总书记指出，要完善职业教育和培训体系，深化产教融合、校企合作。习近平总书记关于职业教育的重要讲话，是习近平新时代中国特色社会主义思想的重要组成部分，是新时代推动我国职业教育发展的思想武器、强大动力和工作指南。

新闻出版作为主要依靠人才、依靠智力资源发展的行业，一直把推进职业教育、培养职业技能人才作为重要工作紧抓不放。党的十八大以来，国家新闻出版广电总局在习近平新时代中国特色社会主义思想的指引下，实施高技能人才培养工程，举办职业技能大赛，开展职业技能培训和认证，成立行业职业教育指导委员会，着力推进新闻出版职业教育工作，取得了丰硕成果，为新闻出版业转型升级、繁荣发展提供了人才保障。党的十九大作出了建设文化强国的重大部署，提出要提高保障和改善民生水平，把教育事业放在优先位置。《新闻出版广播影视“十三五”发展规划》也对发展行业职业教育、培养职业人才作出了重要安排。面向新时代，立足新起点，必须要进一步贯彻落实习近平总书记关于职业教育的重要指示精神，着眼新闻出版广播影视强国建设，不断创新推动新闻出版职业教育工作，为行业繁荣发展提供强有力的人才支撑。

教材是职业教育的重要载体，是决定职业教育成效的关键因素。为了推动印刷行业提质增效、实现更高层次的发展，新闻出版职业教育指导委员会组织编写了平面媒体印制技术专业、出版与发行专业首批各十本专业教材，服务印刷、出版发行技能人才培养。从整体上，这批专业教材主要体现出以下几个特点：

一是把握现代职教体系要求。按照建设适应发展需求、产教深度融合、中职高职衔接、职业教育与普通教育相互沟通的现代职业教育体系的要求，做好教材内容设计。教材编写过程中注重中高职衔接，把握内容编排由简到繁、由浅入深，为系统培养适应经济社会发展需求的印刷、出版专业技能型特别是高端技能型人才打造精品教材。

二是教材编写模式多样。把握应用型教材的编写以社会实际需要为核心目标的特点，对教材编写模式不做统一要求，鼓励老师根据自身课程的特点，选取最适合这门课程教学的模式组织编写。编写过程中，采取了任务式、模块式、项目式等多种编写模式，有效解决了应用型人才培养过程中教材难以满足教学现状的问题。

三是强化业务实践能力。坚持理论的适度性、应用的系统性、实践的指导性、内容的先进性，按照岗位工作流程、以工作实践为主线，选用了大量典型的实践案例素材组织教材内容。每门课程内含几个大的模块，模块下再分任务。通过层层递进，突出人才培养过程中实践能力和专业技能的训练，强化学生的动手实践能力，为学生未来的就业打好坚实的基础。

四是遵循新的课程标准。教育部于2015年认定通过了平面媒体印制技术专业、出版与发行专业课程标准，对两个专业4门专业核心课及其他专业课都进行了界定，这为教材的编写提供了根本依据，也为教育教学提供了质量标准。教材编委会在组织首批教材的开发编写期间，严格按照新的课程标准编制教材内容，以学生职业能力和职业技能的形成为重点，充分反映时代特征与专业特色，能够有力满足学生学习的需求。

平面媒体印制技术专业、出版与发行专业首批各十本教材即将付梓出版，希望职业教育各个方面对教材的使用提出反馈意见，促进查缺补漏、吸取教训、及时改进，提升后续教材的开发编写工作质量，更好地为行业培养高素质技能人才服务。

本书编写组

前 言

图书分类学是职业教育出版与发行专业的专业核心课程，本教材就是根据职业学校出版与发行专业教学标准组织编写的，其基本任务是使学生掌握图书营销分类的各种方法，会结合图书销售进行图书营销分类，为科学、合理地陈列出版物打好基础。

本教材的创新之处是采用了“项目引导，任务驱动”的教学模式，每个项目中都分配了若干任务，每个任务单元由“学习目标”、“工作任务描述”、“工作任务分解与实施”、“必备知识”、“拓展训练”、“推荐阅读”几个环节组成。首先明确学生学习的目标，然后根据实际工作情景提出问题，然后详细讲述怎么解决这个任务，最后总结归纳，进行拓展训练和相关阅读。这种模式不仅能改变教师的教学方法，同时能提高学生的积极性，并且时时与工作内容相挂钩，形成了教、学、做一体的教学模式。

本教材的项目一、二、三、四、六由张明执笔完成，项目五由李祯老师执笔完成。全书由张明进行统稿，由陕西省印刷技工学校杨保育担任主审。

本书是“全国新闻出版系统职业院校统编教材”中的一种。

本教材在编写过程中，得到了安徽新闻出版职业技术学院、安徽大学图书馆、合肥新华书店有限公司和北京师范大学出版社等单位的大力支持和帮助。在本书中大量引用和借鉴了一些本行业内相关论著中的材料，同时还在互联网上引录了一些文献资料，谨在此向上述单位和有关人员表示衷心的感谢。

由于编写人员水平有限，书中缺点和错误在所难免，恳请广大读者批评指正。

编　者

前言

目录

项目一　掌握图书分类的基础理论

【项目情景聚焦】

图书分类在图书发行工作中有着广泛的应用，它是图书发行工作的有机组成部分，并与图书发行工作的各个环节、各部门紧密地结合在一起，成为书店各项工作的基础，在学习图书分类方法之前，要了解图书分类的产生与发展，掌握图书分类的基本概念、意义和作用。

任务一

了解图书分类的产生与发展

学习目标

知识目标：了解图书的源流，图书分类的产生，熟悉我国古代有代表性的图书分类方法，掌握我国现今有哪些代表性的图书分类法。

能力目标：以史为鉴，了解图书分类的发展的一般规律。

工作任务描述

《中国图书馆分类法》是我国建国后编制出版的一部具有代表性的大型综合性分类法，是当今国内图书馆使用最广泛的分类法体系，简称《中图法》。《中图法》1971年由北京图书馆、中国科学技术情报所等单位共同编制完成，于1974年出版，并经过多次修订与再版，2010年已修订至第五版。

问题思考

1. 在《中图法》之前我国还出现过哪些有代表性的图书分类法？
2.《中图法》已经出到了第五版，为什么它要经过多次修订与再版？

工作任务分解与实施

一、图书的产生和发展

图书在狭义上的理解是带有文字和图像的纸张的集合，广义的图书则是一切传播信息的媒体。联合国教科文组织对图书的定义是：凡由出版社(商)出版的不包括封面和封底在内49页以上的印刷品，具有特定的书名和著者名，编有国际标准书号，有定价并取得版权保护的出版物称为图书。

今天，人们能够了解中国三千多年前的奴隶社会状况，知道二千多年前战国时期百家争鸣的情形，读到优美的汉赋、唐诗、宋词、元曲……这一切，都有赖于古代的书籍。

图书的历史首先是从文字开始的，正是由于有了文字才有了书籍的产生。我国最早的书籍，出现于商代，是用竹子和木头做的。竹子和木头是常见并容易得到的东西，人们就把竹子和木头削成狭长的小片，用毛笔在上面写字。用竹子削成的狭长小片叫

“竹简”，用木头削成的叫“木简”，它们统称为“简”。写一部书要用很多简，把这些简编连起来就成为“册”，它是一个象形字，很像绳子把一根根简编连起来的样子。

春秋、战国和秦汉时期，人们已经普遍用竹木简做书籍。春秋战国时期还出现过写在丝织上的书——“帛书”，帛书比竹木简书轻便，而且易于书写，不过丝织品价格昂贵，所以帛书的数量远比竹木简书为少。

到了东汉，造纸术的发明，不仅是书籍制作材料上的伟大变革，而且在人类文明史上具有划时代的伟大意义。纸质书轻便、易于书写，价格比较便宜，深受人们欢迎。从此以后纸质书便逐渐流传开来，到了晋朝，纸质书完全取代了竹木简书和帛书。进入 20 世纪 90 年代随着网络的普及书已经摆脱了纸张的局限，电子书又以空间小、便于传播、便于保存等优势，成为未来图书的发展趋向。

书本的发展史

未来图书的发展趋势是纸质书和电子书共存，且互相融合。一方面纸质书更适合逻辑性较强、经典书籍、高端杂志、教科书等电子书不可替代的书籍。纸质书以后会注重环保方面的设计，以后取材不是来自树木，而是对环保有利的材料。同时，会注意便携性、方便性的考虑，趋势是与电子书互相融合，二者取长补短。电子阅读和纸本阅读，两者目前以其各自特有的优势交互并存。另一方面，电子书将会覆盖大部分书籍，如小说、杂志等，并且内容会更丰富，设计更具人性化，在线阅读会更方便。

比如，可以随便做笔记，能打印出来纸质的文件，而这种文件是可以循环利用的材质。并且里面有更加丰富的图片、音频、视频穿插其中成为高级的电子书。还可增加听书的方便性，只要下载下来的文件自动可以听，而且不用流量。同时，可用新型能源产生电，最好做到不断电，为阅读提供源源不断的能源动力。而对于电子书厂商来说需要整合图书内容、用标准来保护知识产权，以及通过网络运营商向消费者发送图书内容。总之，他们二者将会共存。

二、图书分类的产生

分类，指按照种类、等级或性质分别归类，是认识事物和区别事物的一种基本方法，自从人类社会产生之时，分类就产生了。分类实质上是人类大脑的一种逻辑思维活动，是人类维持社会生活必要的技能。通过分类，人类把无规律的事物分为有规律的，按照不同的特点划分事物，使事物更有规律。

图书分类也是一样，它是伴随着图书的产生而发展起来的。人类在劳动中积累了大量的经验和教训，这些统称为知识，于是人类发明了文字，把这些知识记录在相应载体上，这就是图书的雏形。随着图书数量的不断增加，人们为了有效地利用图书，就必须对图书进行系统的整理，这样图书分类就应运而生了。

三、我国图书分类的发展

1. 古代图书分类

我国是世界文明的发祥地之一，古籍之丰富在全世界首屈一指，图书分类的产生也远远早于世界其他各国。

中国古代的图书分类

(1)《七略》

大约在公元前6年，汉代的刘向、刘歆父子根据当时的国家藏书，编成了我国第一部综合性的图书分类目录《七略》，比欧洲的第一个图书分类表早了1000多年。《七略》的问世是我国古代图书分类法产生的标志。西汉时，光禄大夫刘向为朝廷所倚重，受汉成帝之命，校理群书，将所校文献整理为正本后，即为此书著录篇目，编撰提要，这些提要分为两份，一份上奏朝廷，一份独编为书，脱离本书而另行，产生了我国首部解题目录《别录》，刘向死后，其子刘歆受汉哀帝之命继续校理群书，将父《别录》内提要编撰成第一部分类目录《七略》，在总论性质的“辑略”之后，把书目分成“六艺略”、“诸子略”、“诗赋略”、“兵书略”、“术数略”、“方技略”六类，成为我国目录学的奠基之作，对后世编辑书目规律、原则和模式有重要影响。

《七略》的影响是很深远的。它开创了我国图书分类的先例，奠定了封建社会图书分类“七分法”的基础，形成了我国古代图书分类“七分法”的一大系统。

(2)四分法

随着历史的发展，图书的情况有了很大的变化。特别是魏晋以后，佛经和历史书籍逐渐增多，这样，原来的“七分法”就很难概括当时的图书。为了适应当时类分图书的要求，四部分类体系便随之诞生了。

三国时魏国的郑默编制了一部反映当时藏书情况的图书分类目录《中经》。西晋的荀勖在《中经》的基础上编制《中经新簿》，首次将图书分成四大类。《中经新簿》将图书分为甲、乙、丙、丁四部：甲部，六艺、小学；乙部，诸子、兵书、术数；丙部，史记、旧事、皇览簿；丁部，诗赋、图赞、汲冢书。四分法到了东晋李充时得到了修正。李充任东晋著作郎时编制了《四部目录》，把乙部和丙部的内容次序互换，成为：甲部(经)，乙部(史)，丙部(子)，丁部(集)。

虽然四分法创于荀勖，定于李充，但直到《隋书·经籍志》时才有了经、史、子、集的类名和四部分类的细目，可以说《隋书·经籍志》奠定了"四分法"的基础。

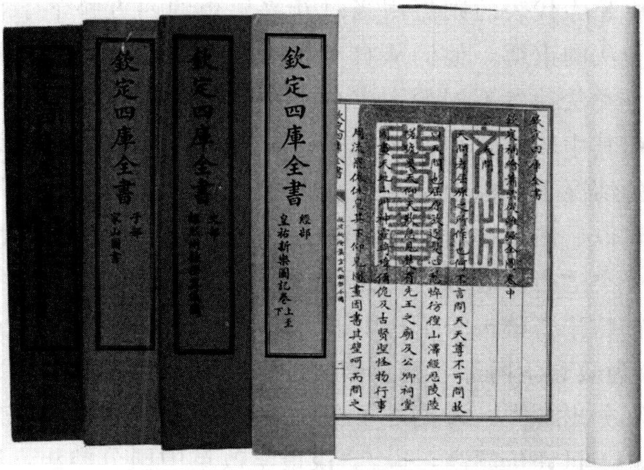

《隋书·经籍志》共四卷，唐初魏征等人奉旨编撰。是唐代官修的一部目录，是继《汉书·艺文志》后，我国现存最古的第二部史志目录。《隋书·经籍志》以后，四分法在我国图书分类史上占了统治地位，到清代编制《四库全书》时，四分法更为完善，现在通称"四部分类法"，分类体系如下：

经部：易、诗、书、礼、春秋、孝经、五经总义、四书、兵、小学。

史部：正史、编年、纪事本末、另史、杂史、诏令奏议、传记、史钞、载记、时令、地理、职官、政书、目录、史评。

子部：儒家、兵家、法家、农家、医、天文算法、术数、艺术、谱录、杂家、类书、小说家、释家、道家。

集部：楚辞、别集、总集、诗文评、词曲。

在古代图书分类是用来编制图书目录的，只是到了近代才用来组织图书排架。因此，随着目录的产生，也同时产生了图书分类体系。总之，我国古代图书分类从产生到发展，是与当时的学术思想紧密相联的，比较好地满足了当时图书分类的需要。但是，由于受到长期的封建主义思想的束缚，图书分类的发展是极其缓慢的。这就是为什么"七分法"与"四分法"能够在我国延续近 2000 年的原因。

2. 近代图书分类

鸦片战争之后，西方资本主义各国倚靠枪炮打开了长期闭关自守的中国大门，伴随着通商贸易，宗教的传播，西方世界当时的各个领域的先进技术与文化在中国逐步渗透并得以传播。由于国门初开，对各种西方人文科学、自然科学以及科学技术的“新学”、“异说”和“方技”予以论著和译著的书籍日益增多，对这些图书予以类分，依靠中国传统的四部分类法已难以满足。因而出现了改革“四分法”的体系，以容纳新书的尝试。

以张之洞为代表的做法是：在保存原有经、史、子、集传统四部分类思想体系的基础上进行一些修改与补充，使之在类目方面与一些新的书籍内容相适应，但从根本上是难以解决问题。其代表就是著名的《书目问答》(张之洞撰)。《书目问答》在中国图书分类法的地位其本身并没有创造什么新的分类体系，而是在于敢于修改被定为“永制”的四部分类法。

以康有为、梁启超为代表的则想用当时新兴思想的西方科学学科思想体系来打破中国传统的四部分类法的束缚。他们从自身要对当时社会进行改良的这一政治要求出发，编制了与四部分类法截然不同的图书分类法。如康有为的《日本书目志》与梁启超的《西学书目表》，而其中较有代表性的则是《西学书目表》。该表是梁启超在大量的西方书籍出现在我国的情况下，以改良主义的思想为指导而编制，并用于对其进行类分的。以此发端，它对以后的各种图书分类法(表)的出现，起到了启发与推动作用。

以规模完善、分类适当而著称的则是《古越藏书楼书目》。1904 年绍兴府学堂总教习冯一梅，应邀为古越藏书楼再编了一个书目，由上海崇实书局印行。该书目亦仿《西学书目表》将藏书分为政、学两部，并且彻底冲破四库分类的樊篱，将新旧书籍予以统一的类分，在各部下分出各类，每类之下分出若干子目，系统相当分明。著名目录学大家姚名达先生对此书目评价颇高，说：“谈最早改革中国分类法，以容纳新兴之学科者，要不得不推《古越藏书楼书目》为最早也。”

以上列举的一些中国近代的书目(分类法)，都是 19 世纪末 20 世纪初国内的书目界人士面对汹涌而来的“新学”之潮流，在书目编撰与书籍类分上在四部分类法开始衰亡，但是基本上是各自为政的一个状态，直到杜威分类法传入以后才出现了一个繁荣的局面。

小贴士：

1876 年，美国图书馆学家杜威编成了著名的《十进制分类法》，简称 DC 或 DDC。《十进制分类法》的产生，可以说是世界图书分类史上的一个里程碑，对图书分类法和图书馆工作的发展作出了重大的贡献。它作为十进制分类法的先河，对后来世界各国的分类法产生了极大的影响。

1910 年，孙毓修首先在《教育杂志》上介绍了杜威的《十进制图书分类法》。由于《十进制分类法》的一些重要特点，如大体以近代科学分类为基础组织图书分类体系，能反映近代科学技术发展水平和图书出版情况，以及采用了一些先进的编制技术(如标记制度)，因而传入之后，影响很大。于是，图书馆界的许多学者都致力于借鉴《十进制图书分类法》，编制适合中国特点的图书分类法，相继出现了仿杜、补杜、改杜等各种图书分类法。据统计，这一时期我国编制的各种分类法不下三十多种。

总之，自从西学传入之后，我国的图书分类进入了一个新的阶段。这一时期的分类法与封建社会分类体系比较，可以说是一个飞跃的发展和进步。因为它们从根本上冲破了封建社会四部分类体系的束缚，建立了新的分类体系。从此，我国才有了自己的具有现代特征的图书分类法。此外，还由于吸收了国外分类法的一些先进技术，特别是标记符号的采用，给图书馆科学地管理藏书和读者利用图书带来了极大的方便。在我国古代，图书分类主要是用来编制藏书目录，即书目，只是到了近代，由于标记符号的使用，才使图书分类用来组织图书排架。仅此而言，可以说是中国图书分类史上的一次重大变革。

但是，由于受《杜威法》的影响和时代的局限，这一时期的图书分类无论从政治上，还是学术水平和编制技术上都还存在着一些严重的缺点。另外，因为这一时期的分类法几乎都是依靠个人力量编制的，缺乏统一的指导思想，因而影响了图书分类法前进的步伐。

3. 现代图书分类

随着社会制度的变革，图书馆事业的发展，旧有的图书分类法，因是唯心主义的思想体系和对马列主义的偏见，已经不能适应新的要求了。因此，修订和编制新分类法便成为历史的必然。

新中国成立 60 多年来，我国图书分类法的编制取得了很大的成绩，先后出版了三十多种综合性和专业性的图书分类法。其中影响比较大的有以下三种。

(1)《中国人民大学图书馆图书分类法》

《中国人民大学图书馆图书分类法》(简称《人大法》)，是由张照、程德清主编，中国人民大学图书馆集体编制的。1954 年出第一版，1996 年已经出了修订第六版。《人大法》是我国第一部新型的图书分类法。它的出版，在我国图书分类史上可以说具有划时代的意义。因为《人大法》在理论基础、体系结构、标记符号和类目设置等方面都以崭新的面貌出现，标志着我国图书分类进入了一个新的时期，并为以后新编分类法所学习和借鉴。1956 年，新华书店统一采用《人大法》来进行门市陈列、进货、统计等工作。

(2)《中国科学院图书馆图书分类法》

《中国科学院图书馆图书分类法》(简称《科图法》)，是中国科学院图书馆于 1954 年着手编制的，1958 年正式出版。1974 年出自然科学部分修订二版，1979 年出社会科学部分修订二版，1994 年出修订第三版。《科图法》主要是为科学院系统各图书馆编写的。但是，它既能适应专业性图书馆的需要，又能适应综合性图书馆的需要。它的问世，在我国图书馆界影响很大。

(3)《中国图书馆分类法》

《中国图书馆分类法》(简称《中图法》)，是由政府部门领导编制的一种大型的综合性的图书分类法。此外，为适应各种类型图书馆和情报单位的需要，又对《中图法》进行缩编和扩编，分别出版了《中国图书馆分类法(简本)》和《中国图书资料分类法》等系列版本。为实现全国图书资料的统一分类创造了条件。《中图法》吸收了新中国成立以来各家分类法的成果，《中图法》使用字母与数字相结合的混合号码，基本采用层累制编号法。因此，已为全国大多数图书馆、发行单位所采用。1981 年，国家标准局正式批准《中图法》为国家标准的试用本。1986 年颁布的《中国标准书号》和 1991 年实施的图书在版编目(CIP)，其分类号也采用《中图法》编制。

《中图法》各版本沿革：

1975 年科学技术文献出版社出版第一版。

1980 年书目文献出版社出版修订第二版。

1990 年出版修订第三版。《中图法》除中文版外，还有维吾尔文版及日文版。

1981 年被国家标准局发文推荐为国家标准试用本。

1985 年获国家科技进步一等奖。

1984 年书目文献出版社出版了《中图法》第二版和《资料法》第二版的联合类目索引。《中图法》已为中国多数图书馆和信息部门采用。

1988 年起，中国出版图书的标准书号中采用《中图法》的大类号。

1999 年出版修订第四版(对 F 经济，TN 无线电电子学、电信技术，TP 自动化技术、计算机技术等三类为重点修订大类)。该版本是影响力最大、应用对象最广泛的版本，是我国情报检索语言发展史上一项重大成果，具有里程碑的意义。

2010 年 9 月，由国家图书馆出版社出版了第五版。此次修订幅度较大，新增 1631 个类目，停用或直接删除约 2500 个类目，修改类 5200 多个。在 2012 年 12 月国家图书馆又推出《中国图书馆分类法》第五版使用手册。

综上所述，图书分类是一种社会现象，伴随着图书和目录的产生而形成和发展起来的。我国古代的图书分类是与分类目录紧密相联的。从我国第一个图书分类体系的产生到现在，已有 2000 多年的历史。在这历史的长河中，随着社会的发展，科学的进步以及图书数量和类型的增加，图书分类也发生了一系列的变革。图书分类总是反映各个时代学术思想水平，适应那个时代对图书分类的需要。因此，图书分类的发展是随着时代的前进而不断前进的，具有明显的社会性和时代性。

四、我国书店图书分类的发展

自古以来，商品的销售都离不开分类陈列。据史料记载，我国早在周朝时国家就已经对市场陈列商品作出了规定。如所谓“陈肆辨物”(《周礼 · 地官司徒下 · 司市》)，意思是按照货物的种类，分别陈列在肆中。这种按不同类别划分商肆陈列货物，是我国最早的商品分类陈列。图书作为一种商品，同样需要分类陈列，运用分类方法来管理。

1. 古代书店的图书分类

书店，在我国古代称书肆或书坊。书肆一词，最早始于汉代，一直到隋唐，书籍的数量都比较少，大部分都是手抄本，所以书肆也非常少。直到北宋毕昇发明活字印刷术以后，图书的数量才有了显著的增加，书肆也逐渐增多起来。据文献记载：宋代，建阳县学有一次到市上为学中士子买书，“自六经下及训传史记子集凡若干卷”(《建宁府建阳县学藏书记》)，这反映了宋代书肆进行四部分类的情况。清代，公私藏书目录包括一部分书店的销售目录，也多用“经、史、子、集”分类。由此可知，我国古代书店多用四部法类分图书。

2. 近代书店的图书分类

鸦片战争以后，随着西学东渐和西方印刷术的传入，书店图书分类有了突破性变化。1902 年，开明书店的主人在《金陵卖书记》中，把所售图书分为历史、地理、政治、经济、教育、科学、报章、文编等类，并逐一作了销售情况的分析。他在这几个大类的下边还分了子目，如历史类包括通史、近代史、纪事、史论等；地理类包括世界地理、地志、地图；科学类包括生理、物理、地质、动物学。可见，这时的书店图书分类已面貌一新。

“五四”前后，上海的一些大型书店，很重视图书的分类。商务印书馆的门市部分为本版书、外版书、杂志期刊、西书(进口外文图书)、文具仪器等柜组；该馆编辑部下设国文、史地、哲学、教育、法制、经济、数学、博物、生理、化学、英文等部。中华书局在广告中宣称它经营的图书有教科书、杂志通报、教育文学、法政用书、中文字典辞典、童话及尺牍类书等(《中华书局三年》)。10 年后，中华书局经营的图书品种有教科用书、儿童读物、各种新书、精印古书、杂志字典、西文书报、碑帖书画、屏联堂幅等类(《中华书局十三年概况·营业要目》)。

以上可知，此时书店图书分类不仅重视图书的学科内容，而且从书店销售实际出发设置类目，显示出书店图书分类的特色。

3. 现代书店的图书分类

新中国成立以来，书店的图书分类大体经历了一个从简到繁、从粗到细，从分散进行、缺乏章法到逐步统一类目、形成体系的过程。

(1)中华人民共和国成立初期(1949—1956 年)

中华人民共和国成立后，书店的门市陈列出现了崭新的面貌，图书分类也进一步受到重视。这一时期，书店规模不大，出版物品种不多，图书分类缺乏统一规范。各地书店往往自成格局，图书分类注重于政治，从配合政治任务需要考虑较多。当时，书店门市已设立了“政策文件”、“时事政治”、“社会群众运动”等类目，加强了政治读物的宣传，紧密配合了时事政治学习；初步按图书内容学科性质设立类目，如“经济财政”、“政治法律”、“军事”、“文艺”等；同时，还根据图书形态、用途、读者对象等分设类目，如设立了“连环图画”、“活页文选”、“通俗读物”、“干部必读”、“少儿读物”

等类目。

(2)《人大法》时期(1956—1986 年)

1956 年，新华书店总店通知各级书店统一采用《中国人民大学图书馆图书分类法》进行门市陈列、进货、发货、调剂、盘存、统计等工作。同年，文化部出版事业管理局又发出通知，要求各地出版社自当年 4 月 1 日起按照《人大法》的 17 大类，在新出版图书的版权页和封底上加印统一书号，并颁发了包含图书分类号在内的《全国图书统一编号方案》。这给书店图书分类带来了重大的影响。从此，书店的图书分类工作开始有了统一的规范，并进一步开展以图书内容的学科性质为标准的分类。1958 年起，书店的图书分类有了较大的改革，全面开始了以《人大法》的 17 大类为纲，以知识门类为根据的图书分类。这时书店门市已有“社会科学”、“文化教育”、“文学艺术”、“自然科学”、“工业技术”、“农业技术”、“医药卫生”等大类。再加上按照图书形态、用途、读者对象等分成“少年儿童读物”、“课本”、“图片画册”、“连环图画”等类目，为新中国书店的图书分类奠定了坚实的基础。

(3)《中图法》时期(1986 年以来)

1986 年 1 月，《中国标准书号》颁布。中国标准书号的组成部分“图书分类——种次号”，由图书所属学科的分类号和该类号下的种次号两级组成。其中分类号由出版社按照图书的学科属性，根据《中国图书馆分类法》的基本大类给出，其中工业技术类图书分到二级类目。从此，出版发行部门的图书分类开始以《中图法》为依据。书店的图书分类工作进入了一个崭新的阶段。

新中国成立 60 多年来，书店的图书分类曾有许多创造，但也存在不少问题，主要是图书分类在书店中的地位和作用尚未被充分认识、图书分类没有严格按规定进行、书店营业员缺乏专业训练、对图书分类业务不够熟悉，等等。

必备知识

一、我国古代图书分类

1.《七略》是我国第一部综合性的图书分类目录，它奠定了封建社会图书分类“七分法”的基础，形成了我国古代图书分类“七分法”的一大系统。

2. 四分法指的是经、史、子、集四部，《隋书·经籍志》奠定了“四分法”的基础。

二、我国现代图书分类

1. 新中国成立 60 多年来，我国图书分类法的编制取得了很大的成绩，先后出版了三十多种综合性和专业性的图书分类法。其中影响比较大的有三种：《人大法》、《科图法》和《中图法》。

2.《中图法》已为全国大多数图书馆和发行单位所采用。

拓展训练

1. 图书分类是怎样产生的？它的发展历史说明了什么？
2. 新中国成立后，书店图书分类的发展情况是怎么样的？

新华书店简介

推荐阅读

- 吴简易著．书籍的历史．太原：希望出版社，2008
- 蒋元卿编．中国图书分类之沿革．北京：国家图书馆出版社，2013

任务二
掌握图书分类的基本概念、意义和作用

学习目标

知识目标： 牢记图书分类的基本概念，掌握图书分类的任务，牢记图书分类在图书发行工作中的应用。

能力目标： 通过理论知识的学习为将来的图书分类实际操作打下理论基础。

工作任务描述

《图书分类学》是出版与发行专业的专业核心课程，通过学习使出版与发行专业的学生了解图书分类的基础知识，掌握图书营销分类的各种方法；能准确进行三级条目的分类；会结合图书销售进行图书营销分类，为科学、合理地陈列出版物打好基础。

问题思考

1. 图书为什么要分类？分类的任务有哪些？
2. 为什么出版与发行专业的学生要学习图书分类？

工作任务分解与实施

一、图书分类的基本概念

就图书这一特定对象来说，类是指一组在性质上相同或相似的许多图书的总称。分类是人类思维对事物的一种鉴别活动。图书分类就是运用这种鉴别活动来整理图书。具体地说，图书分类就是根据图书的学科内容或其他特征，分门别类地将图书系统地组织起来的一种手段。图书分类的本身并不是目的，仅仅是整理图书的一种手段(或者叫方法)，它的目的在于方便人们管理和利用图书。

图书分类包括两个方面的含义：即分类和归类。

分类就是将大量的图书，根据每种书的内容特征，把不同的加以区别和分开，也就是所谓区分；把相同的放在一起，相近的连在一起，整理成有条有理的系统，也就是所谓类集。区分与类集是图书分类的本质含义。

归类是对一种具体的图书来说的。就是将每一本书，根据其内容先进行分析，再

根据既定的分类体系，将它归到与其内容相同的一组图书中去。

由此可见，分类实际上是指建立图书分类体系，也就是编制图书分类表；归类则是指运用所建立的这个图书分类体系来类分具体的图书。分类和归类是密切联系的。因为将大量的图书分门别类地组成一个体系和将每一本书归到既定体系的相应门类中去，是一件事情的两个方面，其结果是一样的。分类即揭示图书、组织图书，使之成为一个有条有理的系统。

需要指出的是，我们平时所说的书店里的分类工作，实际上只反映了图书分类的一个方面的含义，即归类。具体地说，就是把图书根据一定的体系，按其内容(或形式)的相近性进行分组、排列，以提高按系统管理和利用图书效果的技术。它的主要职能在于对图书内容的分析和排列上。

二、图书分类标准

图书分类标准就是指对某一类图书进行划分时所依据的某种属性(或特征)。图书的属性有内容方面的，也有形式方面的。内容方面的有图书内容的学科性质，如数学、物理、化学等；图书内容的立场、观点，如马克思主义、资本主义等；图书内容所论及的人物，如列宁、鲁迅等；图书内容所涉及的地区，如亚洲、非洲、美洲等；图书内容所反映的时代，如古代、近代等。形式方面的有著作体裁，如诗歌、小说等；著作体例，如书目、索引等；语言文字，如英语、日语等；版本年代，如宋本、元本等；著者国籍，如日本、朝鲜等；以及版型、版次、物质材料、装帧形式等。

以上不论是图书内容方面的，还是形式方面的属性，一般来说都可作为图书分类标准。但是，图书内容是图书的本质属性，而图书形式是图书的非本质属性。任何事物都具有这两种属性。本质属性是事物本身所具有的，较稳定的，有决定性的属性，非本质属性则是从属于本质属性的，易变化的，有或没有不能改变事物根本性质。因此，把本质属性作为分类标准，就能够揭示事物之间的内在联系，有助于我们深入地认识事物。以非本质属性作为分类标准，虽然不能揭示事物之间的内在联系，但在实际生活中，为达到特定的目的，也有一定的意义和作用。比如在书店里，常常根据读者的对象，将图书划分成“少儿读物”、“大众读物”、“党政干部读物”等，目的就是方便不同读者群的需要。但是，从人们选购图书的主要目的来看，还是为了获得书中所记载的各种知识。因此，图书分类主要是根据图书的内容，其次才适当地根据图书的形式来进行的。而图书内容的学科知识属性，又是图书最基本的本质属性。

所以，一般情况下都把图书内容的学科知识属性作为图书分类的主要标准，而用其他属性作为分类标准的，称之为辅助标准。

由此可见，类是由分类标准所确定的。因此，分类标准的选择就成为图书分类的关键问题。图书分类时应首先尽可能采用主要标准，只有在主要标准不能用或不适宜用时，才考虑用辅助标准。此外，还必须注意，在同一个分类阶段内，一般只能采用同一个标准，不允许采用两个或两个以上的标准，否则就要发生逻辑混乱。当然，如果是在几个不同的分类阶段里，则可接连使用不同的分类标准。如文学作品的分类，第一阶段以国别分，划分为中国文学、日本文学、美国文学等；第二阶段则可用体裁分，划分为诗歌、戏剧、小说等；第三阶段还可按时代分，划分为古代、近代、现代等。这样层层划分下去，在每一个划分层次内，只选择一个并且是不同的分类标准，结果就会形成一个有条有理的、秩序井然的图书分类体系。

三、图书分类的任务

图书分类的任务，概括起来有以下三项：

1. 揭示每种图书的学科知识内容

就是说，要分清书店的图书到底是一些什么样的图书。它的内容性质是哲学的，社会科学的，还是自然科学的？它的形式体裁是科学论著、通俗读物，还是文艺作品？它的立场、观点，是社会主义的，还是资本主义的？它的读者用途是学生课本、大众读物，还是供科技人员参考的学术专著等。分清以后，才能针对不同的读者，提供不同的图书服务，满足读者不同层次的需要。

2. 把学科性质相同的图书聚集在一起

就是说，把同一内容性质、形式体裁、立场观点和读者用途的图书归在一起，而区别于其他不同的图书。这样才方便读者选购图书和书店有效地管理图书。因为同一内容性质、形式体裁、立场观点和读者用途的书集中在一起后，就可以使读者在购书时因类以求，从而很快找到他所需要的图书，并且在这本图书脱销时，还可连类而及其他的图书。另外，由于不同的图书得以区分，也就大大节约了读者找书的时间。

3. 根据各类图书之间的亲疏关系把图书商品组成一个系统

就是说，把已经区分了的图书根据一定的体系组织起来。因为书店的图书少则几百种，多则成千上万种。从内容性质上看，门类繁多；从形式体裁上看，花样纷繁；从立场观点上看，各种各样；从读者用途上看，也各有不同。倘若不加以科学地组织，结果就会杂乱无章。对书店工作人员来说，无法管理；对读者来说，无法寻找。这就需要把各类图书有秩序地组织起来，构成一个系统。

由此可见，图书分类的任务，简言之，就是按照图书的学科知识内容，结合图书发行工作的特点，将各类图书组成一个有条有理的系统。要想完成这个任务，首先必须以马列主义、毛泽东思想、邓小平理论为指导，其次以各门学科的知识体系为基础，最后还要有科学的方法为手段，这三方面必须紧密结合起来，才能够顺利地完成上述各项任务。

四、图书分类在图书发行工作中的作用

图书分类在图书发行工作中的作用具体表现在：

1. 方便读者选购图书

书店图书数量众多，种类纷繁，如果没有一定的章法，随意存放和陈列，就很难开展服务工作。只有通过图书分类排列，使各种图书都有一个较为固定的陈列位置，使读者能较快地找到需要的图书，即使一时没有他需要的书，但由于图书分类清楚，陈列得当，也可能在同一类书中找到可以代替的书籍，起到“即类求书，因书究学”的

作用。图书分类排架陈列，在开架售书情况下显得更为重要。

2. 有助于书店科学管理

通过图书分类陈列，可以按不同类别进行图书进、销、调、存的管理。现今门市的书架、柜组、库房，实际上就是按照图书的门类划分的。按图书不同类别分工管理，便于了解信息，分别掌握各类图书的流转情况，以加强企业的经营管理。分类清楚，有利于工作人员熟悉图书陈列位置，便于为读者取书并把收到的新书及时按类整理上架，以提高工作效率。仓库按类收货、发货，分类建卡、销卡，便于门市添货，切实掌握库存，做到库房有书，门市有售。

书店的科学管理离不开图书的分类统计。正确、及时、全面、系统地收集、整理图书的进、销、调、存资料，进行分类统计，分析图书类别、品种、数量构成的变化，是加强书店管理，改善进销工作所必需的。

3. 有利于宣传介绍图书

图书通过分类，将各门类重要的、优秀的读物突出陈列，可以引起读者的注意，影响读者的需要，进一步发挥各类图书的作用。图书分类陈列，有利于向读者介绍同类图书，使读者看到其所需图书及所研究的问题在整个科学体系中的位置。

由于图书分类在图书发行工作中的广泛应用及其所产生的重大作用，使之成为图书发行工作的有机组成部分，并与图书发行工作的各个环节、各部门紧密地结合在一起，成为书店各项工作的基础。图书分类不仅是书店便于管理、读者易于寻找图书的重要技术工作，也是推荐图书、辅导阅读的宣传工作，同时又是扩大图书销售的经济工作，对于实现书店的方针任务，提高发行质量，提高服务水平都有十分重要的意义。

五、图书分类法的基本概念

在实际的分类工作中，图书分类不能凭空进行，必须要有一定的依据，这个依据就是图书分类法。图书分类法是图书分类人员用来类分图书、组织图书的工具，它是由许多类目根据一定的原则组织起来的，通过标记符号来代表各级类目和固定其先后次序的分类体系。图书分类法是做好图书分类工作的基本条件，直接影响着图书分类的质量。

图书分类法的组成：类目表、实用手册和索引。类目表是分类法的主体，又包括编制说明、主表、附表三部分。索引是使用类目表的辅助工具。使用手册是编制原则和使用方法的具体解释和规定。它们是相辅相成、缺一不可的整体。

必备知识

一、图书分类就是根据图书的学科内容或其他特征，分门别类地将图书系统地组织起来的一种手段。

二、图书内容的学科知识属性，是图书最基本的本质属性。所以，一般都把它作为图书分类的主要标准，而用其他属性作为分类标准的，称之为辅助标准。

三、图书分类的任务，概括起来有以下三项：揭示每种图书的学科知识内容；把学科性质相同的图书聚集在一起；根据各类图书之间的亲疏关系把图书商品组成一个系统。

四、图书分类在图书发行工作中的作用具体表现在：方便读者选购图书；有助于书店科学管理；有利于宣传介绍图书。

拓展训练

1. 什么是图书分类？它包含哪两个方面的含义？
2. 通过本项目的学习，请你谈谈怎样才能学好图书分类。

推荐阅读

- 白国应编著. 图书分类学. 北京：国家图书馆出版社，2013
- 周继良主编. 图书分类学. 北京：国家图书馆出版社，2013

项目二　熟悉图书分类法的体系结构

【项目情景聚焦】

图书分类法是图书分类人员用类目分图书、组织图书的工具，所以要熟悉图书分类法中各类目之间的关系，掌握类目表的组成和作用，以及图书分类法的结构组成和各部分的功能，为以后熟练地操作打下坚实的基础。

任务一

掌握类目间的五大关系

学习目标

知识目标： 掌握类目间的五大关系：同一关系、并列关系、隶属关系、交替关系和交叉关系。

能力目标： 能从类目表中，列举出这五大关系的具体类目。

工作任务描述

下面是《中图法》中Q大类“生物科学”的部分类目，通过这个例子可以说明一下各类目之间的关系。

Q　生物科学　一级类目
Q1　普通生物学　二级类目
Q93　微生物学　二级类目
Q94　植物学　二级类目
Q941　植物的演化与发展　三级类目
Q942　植物细胞学　三级类目
Q945　植物生理学　三级类目
[Q945.8]　植物病理学　四级类目
宜入S432.1(植物病理学属农业大类)
Q947　植物生物物理学　三级类目
参见Q6(生物物理学)
Q948　植物生态学和植物地理学　三级类目
Q948.1　植物生态学　四级类目
Q948.2　植物地理学、植物分布(植物志)　四级类目

问题思考

1.“Q948.2　植物地理学、植物分布(植物志)”这个类目中的“(　)”指的是什么关系？

2. 在上面的类目表中找到并列关系和从属关系的类目，各两组。

3.“[Q945.8]”和“S432.1”、“Q947”和“Q6”分别是什么关系？为什么？

工作任务分解与实施

类目是组成图书分类法的最小单位，是图书分类法的细胞，图书分类法就是由许许多多类目组成的一个有层次的、逐级展开的系统表。类目之间的关系是组成图书分类法的最基本的结构形式。

从上面的例子，我们可以看出：

1. 类目表是根据类目之间的内在联系组织起来的，它们反映的是一种系统关系，也称为族性关系，而不是根据类名的字序或其他什么次序排列的。

2. 表达的形式是直线排列，而不是用图表形式表示类与类之间的关系。

3. 类目之间要现出彼此的关系：同一关系、并列关系、隶属关系、交替关系和交叉关系。下面将着重讨论这五种关系在类目表中的表现形式。

一、同一关系

同一关系在类目表中，则是指两个类目所反映的图书内容完全相同。简单地说就是同义词，名称不同意义完全一样。

一个类目有两个或两个以上的同义词。如："伦理学"与"道德哲学"，类目表中表示为：B82 伦理学(道德哲学)。

例如：

J623.2　六弦琴(吉他)。

K27　中华人民共和国时期(1949 年—　)。

二、并列关系

一个上位类分出若干个小类，这些小类之间的关系，是用并列的方式来表达的，故称并列关系。由同一个上位类区分出来的一组下位类，互称同位类。一组同位类，总称为一个类列。比如，"普通生物学"、"微生物学"、"植物学"都是同位类，"植物的演化与发展"、"植物细胞学"、"植物生理学"、"植物病理学"、"植物生物物理学"、"植物生态学和植物地理学"……也都是同位类。

同位类与同级类的概念应有区别。同位类必须同属一个上位类，即在一个类列之内。同级类是在类目表的等级位置上相同，但不一定属于同一类列。如："植物病理学"与"植物生态学"都是四级类目，可是不同属于一个上位类，即不在一个类列，故不能称同位类，而称同级类。

同位类之间的先后次序应该依据一定的原则来排列。各个类列由于本身的特点不同，它们所用的原则也是不同的，一般都是从宏观到微观、从一般到特殊、从低级到高级，从基础理论到应用技术。例如，《中图法》的"生物科学"类下的二级类目的排列，就是依据由一般到具体，由低级生物到高级生物的序列进行的，其排列顺序为：

普通生物学；

细胞学；

遗传学；
生理学；
生物化学；
生物物理学；
分子物理学；
分子生物学；
生物工程学；
环境生物学；
古生物学；
微生物学；
植物学；
动物学；
昆虫学；
人类学。

各个同位类，对于它们共同上位类的属性来说，都是相同的，所以同位类之间是相互联系的。但是它们又有各自不相同的特有属性，故同位类之间又是相互排斥的，这是一条十分重要的原则。

三、隶属关系(从属关系)

一个类与其直接细分出来的小类之间的关系称为隶属关系。如“生物科学”与“普通生物学”；“植物学”与“植物的演化与发展”等。隶属关系的各级类目在分类表中都有一定的称呼，分别称之为基本大类(一级类目)、二级类目、三级类目……被区分的类称为上位类，亦称母类；区分出来的小类称为下位类，亦称子类(或子目)。

“植物生态学和植物地理学”是“植物学”的下位类，但同时也是“植物生态学”的上位类。由此可见，任何类目，是上位类还是下位类都是相对而言的。

连续划分形成一系列具有隶属关系的类目，称为类系。如“生物科学”—“植物学”—“植物生理学”—“植物病理学”，就叫做一个类系。

类目表是采用等级的形式来表达隶属关系的，为了醒目，《中图法》和其他的一些分类法通常采用大小不同的字体和缩格排列的方式来表示。

在类目表中，下位类一定要带有上位类的属性，上位类一定能包括它所属的各级下位类，它们之间是属种的、总体和部分的关系。掌握类目的隶属(等级)关系对于正确类分图书是极为重要的。

四、交替关系

在知识体系中，有很多边缘科学或两门学科是为各自目的所研究的共同问题。由于类目表是直线排列的，就不得不把这些学科，人为地隶属于某一上位类，而不列在另一些可以隶属的上位类下。如：“植物病理学”既可以隶属于“植物学”，又可以隶属于“农业植物保护”下的“植物病害及其防治”，而《中图法》把它隶属于“植物病害及其防治”，不隶属于“植物学”。这是因为在分类法中凡是两属或几属的类目，只能隶属于一处，否则就违反同一性质的图书不得归入两处的基本要求。

在《中图法》中用“[分类号]”组合“宜入……”来表示交替类目，分类时没有特殊情况都选择后者，即“宜入”后面所显示的类目。

例如：[F235.19]　企业会计　宜入 F275.2　企业会计核算

[G23]　印刷工作　宜入 TS8　印刷工程

五、交叉关系

在图书分类法中，交叉关系指的是两个不同类列中某些类目之间的内容相互交叉、相互渗透的关系。如：“植物生物物理学”既可以隶属于“植物学”，又可以隶属于“生物物理学”。

在《中图法》中用“参见……”来表示交叉类目，分类时要根据图书具体学科内容进行选择。

例如：G871　射击　参见 E920.2/　E920.2　射击学　参见 G871

R749　精神病学　参见 B846/　B846　变态心理学、病态心理学　参见 R749

综上所述，类目表从整体上看，是一个有机的统一的科学分类体系。这个体系是由许多大大小小的类系，即分系统组成，类系又是由许多大大小小的类列，即子系统组成；而类目则是构成这个体系，即类目表的最基本的要素。

必备知识

类目间五大关系	意义	《中图法》中的标志	分类方法
同一关系	同义词	(……)	
并列关系	同属一个概念	分类号位数相同，只有最后一位不同	
隶属关系	大类和直属小类	大类的分类号和小类的前部分完全一样	
交替关系	边缘学科	[……]和宜入……	选择后者
交叉关系	交叉学科	参见……	根据图书内容几选一

拓展训练

1. 从工作任务的例子，找出互为同位类的类目，列举出“植物学”的上位类和下位类。
2. 在《中图法》中找到交替关系和交叉关系的类目各两组。

推荐阅读

- 卜书庆，刘华梅编.《中国图书馆分类法》第五版与第四版增删改类目对照表. 北京：国家图书馆出版社，2013

任务二

熟悉类目表的组织结构

学习目标

知识目标：掌握类目表的基本概念，熟悉类目表的基本结构，牢记5个基本部类和22个基本大类，了解复分表的种类和作用。

能力目标：翻开《中图法》，熟悉基本大类和简表，了解详表的基本排列方法，并且了解复分表的基本使用方法。

工作任务描述

书店近期采购了8本新书，书名如下：

《三个火枪手》

《Photoshop图像设计基础教程》

《高等数学》

《论语注释》

《英语四级词汇手册》

《出版发行实务》

《邓小平理论读本》

《中医养生指南》

问题思考

1. 图书分类的首要标准应该是什么？

2. 请用《中图法》对上述图书进行分类，并写出图书所属的基本大类(字母＋中文)。

工作任务分解与实施

类目表(又称分类表)是根据类目之间的关系，按照一定的原则组织起来的，是整个分类法的主体，是用以类分图书的依据。它由基本部类、基本大类、简表、详表、复分表五个部分组成。

一、基本部类

基本部类又叫大部。它是依据图书分类法的编制原则，对反映人类全部知识的图书所作的最概括、最本质的区分。基本部类不能用来类分图书。基本部类之间的排列次序，称之为基本序列。

《中图法》的基本部类是由五大部类组成，其基本序列如下：

马克思主义、列宁主义、毛泽东思想、邓小平理论；

哲学；

社会科学；

自然科学；

综合性图书。

《中图法》是根据毛泽东同志关于知识分类的思想作为确定分类法基本部类的理论依据。将知识门类分为“哲学”、“社会科学”、“自然科学”三大部类。《中图法》又认为：马克思主义、列宁主义、毛泽东思想、邓小平理论是指导我们思想的理论基础，是一切科学部门的指导思想，必须作为一个基本部类列于首位。同时，考虑到图书本身的特点，对于一些内容庞杂，类无专属，无法按照某一学科内容性质分类的图书，概括为“综合性图书”，也作为一个基本部类，置于最后。这样就形成了上述五个基本部类。

二、基本大类

基本大类是图书分类的纲目，有的类目表称之为大纲。基本大类是图书分类表中首先划分出来的第一级类目。它是在基本部类的基础上进一步展开而成的。对于基本大类究竟应该有多少种，各个分类法不大一致。但是必须明确一点：基本大类的特点是由独立性的学科或几个性质相近而又能组成统一体的学科组合而成的。从目前我国及世界各国的一些主要分类表来看，一般都是设置10～20个基本大类。如果基本大类过多，既不便于记忆，结构也不平衡，一些新兴学科的类目下图书数量很少，而如果基本大类过少，则一些重点反映的门类不能突出，同时还会增加大类以下展开的类目层次，使号码变长，不便于使用。

《中图法》的基本大类是在基本部类的基础上扩展起来的。由于社会科学和自然科学这两门科学的内容很多，发展很快，为解决图书分类的实际需要，《中图法》遵循科学分类的原则，采取从总到分、从一般到具体、从简单到复杂、从低级到高级以及科学之间的内在联系，在社会科学部类下展开为9大类，在自然科学部类下展开为10大类，组成了五大部类、22个大类的体系完整的类目表。其序列为：

五大部类	22个基本大类
第一部类	A. 马克思主义、列宁主义、毛泽东思想、邓小平理论
第二部类	B. 哲学、宗教
第三部类（社会科学）	C. 社会科学总论
	D. 政治法律
	E. 军事
	F. 经济
	G. 文化、科学、教育、体育
	H. 语言文字

续表

五大部类	22个基本大类
第三部类（社会科学）	I. 文学
	J. 艺术
	K. 历史地理
第四部类（自然科学）	N. 自然科学总论
	O. 数理科学和化学
	P. 天文学\地球科学
	Q. 生物科学
	R. 医药卫生
	S. 农业科学
	T. 工业技术
	U. 交通运输
	V. 航空、航天
	X. 环境科学、安全科学
第五部类	Z. 综合性图书

《中图法》认为：在社会科学范畴中，“政治”、“经济”、“文化”是社会科学中的三个重要部分。因此，按照先政治、次经济、后意识形态的次序，首先反映了“政治、法律”大类。“军事”是研究战争和战争指导规律的科学，它和“政治”既相联系，又相区别，故在“政治、法律”之后列出“军事”。在这以下为“经济”类。一定的文化是一定社会的政治、经济的反映，同时又对社会的政治、经济给予巨大的影响。文化、科学、教育、文学、艺术等社会意识形态，都属于“文化”范畴。所以在“政治”、“军事”、“经济”之后，列出上述有关文化的各类。首先列出的是“文化、科学、教育、体育”类，即一般所说的文教事业。另外，“语言、文字”对发展文化有重要作用，同时与文学、艺术的关系极为密切，因此列于“文学”、“艺术”大类之前。最后是研究和阐述人类社会发展的具体过程及其规律性的“历史”，同时与“地理”组成一个类组，以便过渡到自然科学部类。又根据从总到分的原则，在社会科学8个大类之前，列出“社会科学总论”。

自然科学部分基本上是由四部分组成：基础科学、医药卫生、农业科学和技术科学。自然科学各类的体系，主要遵循从简单到复杂、从低级到高级以及学科之间的内在联系来排列。首先列出研究自然界最基本、最普遍规律的“数理科学和化学”。其次列出“天文学、地球科学”，这是研究天体物质和人类物质环境——地球的一组科学。在这一无机界的科学之后，列出以有机物质的生命现象作为研究对象的“生物科学”。以下编列与生物科学有密切关系的“医药卫生”和“农业科学”。根据以“农业为基础、工业为主导”的发展国民经济的总方针，在“农业科学”类后，编列“工业技术”。“交通运输”是国民经济的一个重要组成部分，对于发展工农业和满足人民生活的需要起着重要的作用。交通运输的技术设备，广泛地涉及建筑、冶金、机械、动力、电子技术等各门科学的成果，因此把它列为一个大类，排在“工业技术”的后面。“航空、航天”不仅用作交通工具，而且更为广泛地应用于其他各门学科中，因此把它单独设立一个大类排在“交通运输”之后，“环境科学”的研究领域极为广泛，是一门新兴学科，它已引起世界各国的普通重视，因此把它单独立类，排在自然科学的最后。此外，和社会科学一样，也根据从总到分的原则，列出了“自然科学总论”，排在自然科学 9 个大类之前。

这样，社会科学 9 个大类和自然科学 10 个大类，加上“马列”、“哲学”、“综合性图书”3 个大类，就形成了《中图法》的五大部类、22 个基本大类及其序列。

三、简表

由基本大类再进一步区分展开为简要概括分类表全貌的类目，就构成简表，又称基本类目表。简表一般是由一级类目和二级类目组成，是整个类目表的骨架。

由于类目表可以缩小为基本类目表，即简表，也可以扩大为详细类目表，即详表，从简表中可以看出全表的概貌，因此它的作用有两条。

一是承上启下，便于通过它查找所需要的详细类目。一般来说，对分类体系不太熟悉的新手，可以利用简表作引导去查详表。但是，简表只能起一个引导作用，不能用作分类的依据。也就是说，不能根据简表来分书取号。

二是可供藏书不多的中小型图书馆类分图书以及书店分类陈列图书。

四、详表

在简表的基础上，根据各门学科的发展情况、图书出版情况，并结合使用对象情况，继续逐级展开，就构成了详表。详表是整个类目表的正文，又叫主表。详表是由一切不同等级的类目组成。它是分类表的最后呈现，也是类目表中最重要的部分，所以是类分图书的真正依据。类目表的所有编制原则都贯注在详表之中。所谓类目表，从具体意义上讲，实际上就是指详表。

五、复分表

类目表在编制时，正表中有许多类目由于在进一步细分时，采用的是同一标准，而区分出的子目大致相同。为了增强细分程度和缩小类目标的篇幅，在编表时把这些相同的子目汇集起来，编列成表，作为有关类目需要用这个标准进行进一步区分时的共同子目，称之为复分表。由于这些表都是用辅助标准制定的，故又称它为辅助表；由于这种表一般都附在详表之后，故又称作附表。复分表一般有两种：

1. 通用复分表。适用于整个主类表，故又称共同区分表。一般分类法都有总论性的。地区和时代的三种类型的复分表，有的还编有民族表。如《中图法》的通用复分表就有 8 个：总论复分表，世界地区表，中国地区表，国际时代表，中国时代表，中国民族表，世界种族表，通用时间、地点表。除了总论复分表外，其他复分表是否使用都在正文有提示，格式为：“依××××表划分”。

2. 专用复分表。专用复分表是在详表的某一个类里面所附有的，专为某一类所用的复分表。它只适用于某些专类，《中图法》四版共有120多个专用复分表，其中马列1个、哲学1个、社科40多个、自然科学80多个，它的格式一般为：“注：××类至××类可依下表分”。

除上述两种复分表外，还有一种利用某一类的子目作为进一步细分的依据，称之为仿分。如：《中图法》“中国工业部分经济”类下注：“仿F416分”，是指仿世界工业部门经济类复分。在分类表中广泛使用仿分形式，也是为了避免在分类表中重复出现相同或相似的子目。仿分虽然不是复分表，但起到了专类复分表的作用。

复分表的作用：既可以增强类目细分程度，又可使分类表的篇幅大大缩小，使类目表具有较强的伸缩性，配上号码后，又有一定的助记性。复分表是类目表的重要组成部分，有的分类教材把它列为图书分类法的一个独立组成部分，与类目表、号码、注释、类目索引并列，其重要性可想而知。但所有的复分表都不能单独使用，必须依附于详表中的类目。

必备知识

1. 五大基本部类：马克思主义、列宁主义、毛泽东思想、邓小平理论；哲学；社会科学；自然科学；综合性图书。

2. 要了解22个基本大类的学科包含范围，为分类进一步打好基础。

拓展训练

1. 为什么图书分类法中都配备复分表？复分表有什么作用？

2. 找出下列代码在总论复分表中的意义。

—43　　—44　　—49　　—53　　—62

3. 分别用世界地区表和中国地区表找出下列地名所对应的代码。

美国　日本　南非　澳大利亚　安徽　四川　海南　新疆

推荐阅读

• 国家图书馆《中国图书馆分类法》编辑委员会编. 《中国图书馆分类法》第五版使用手册. 北京：国家图书馆出版社，2012

任务三

了解标记符号的种类、编号制度和相关辅助符号

学习目标

知识目标： 知道标记符号的作用，了解标记符号的种类和编号制度，熟悉几个常用的辅助符号。

能力目标： 通过标记符号（分类号）能够确定其在《中图法》中的位置。

工作任务描述

在《全国新书目》的新书书目中有下面9个分类号：

B84-065	R711-62	F279.712
TP312	CH319.4：I	TB852.1
TP391.41	O413	I312.645

问题思考

利用《中图法》找出上述分类号所对应的类目名。

工作任务分解与实施

标记符号是按照类目的大小，根据一定的原则层层展开的，在整个分类体系的大小类目排列好之后，就需要有一种符号来做标记，用它来代表各个类目，并表达各个类目的上下、先后顺序，作为图书和目录的检索依据。因为现代图书分类法，一般都由成千上万个类目组成的，人们不可能凭记忆来固定各个类目的位置，必须要有一种序级性符号来代表每一个类目，并以此来标明类目之间的先后次序。由此可见，标记符号是现代图书分类法的一个重要特征。

一、标记符号的作用

标记符号的作用在于表示类目在分类体系中的位置，以便组织图书，表示书籍在书架上排列的次序。因此，标记符号是日常进行图书分类、借以作为排列图书的依据。如果分类法没有一定的标记符号来代表类目，分类法就失去了实际的使用价值。这是标记符号促进分类法使用价值的积极作用。当然，书店门市图书陈列，并不像图书馆

那样严格按照分类号来排列图书，但由于运用了书号中的图书分类号，这就给图书的陈列带来了极大的方便。

二、标记符号的种类

分类法的标记符号，一般都使用人们习惯掌握的、有固定次序的符号系统。如，拉丁字母、阿拉伯数字。标记符号按所使用的符号种类分，有单纯号码与混合号码两种。

1. 单纯号码

凡是采用一组有固定次序的符号系统，称之为单纯号码。单纯号码不外乎有两种：一种是纯数字的，另一种是纯字母的。纯数字的图书能够统一使用一种号码。纯数字号码的优点是：简单明了，排检迅速。但是，由于数字的基数只有 10 个，因此，纯数字号码的缺点是：号码较长，层次不够分明。

例如：《人大法》《科图法》《十进制图书分类法》都是纯数字的。

至于纯字母号码，它的最大优点就是能组合较多的号码。但是，由于字母排检、书写都比较麻烦，所以一般不为人们采用。

2. 混合号码

混合号码即是用两组或两组以上，固定次序符号系统组成的号码。《中图法》就是用汉语拼音字母与阿拉伯数字相结合的混合号码制。《中图法》是用 22 个字母表示 22 个一级类目(基本大类)。以字母的顺序来反映大类的序列，工业技术类所属的二级类目，采用双字母，在字母后用数字表示大类下各类目的划分。字母和数字的总位数就是类目的类级。

例如：《中图法》《国会法》等。

三、编号制度

编号制度是指标记符号的编制制度，它决定分类号的组合和排列方法。由于编制方式的不同，产生各种不同制度的号码。通常归纳为三种，即：顺序制、层累制以及顺序与层累相结合的混合制。

1. 顺序制

顺序制是根据号码的自然顺序排列的方式。即从第 1 个类目开始，直到最后 1 个类目为止，不论类目的等级，一律依照类目的先后次序，利用号码本身的固有次序来标志全部类目的编号方法。顺序制非常明显的缺点。由于顺序制是按照号码本身的顺序给号的，这就不能反映类目的等级和依存关系，没有助记作用，而且缺乏一定的伸缩性，不便于压缩或增加号码。所以基本上很少有分类法使用顺序制。

2. 层累制

层累制又叫等级制，根据类目的不同等级，给予相应的不同位数的号码。号码的级位与类目的等级完全一致。即一级类用 1 个符号，二级类用 2 个符号，三级类用 3 个符号，以此类推。同位类再以所采用符号的顺序配记。《人大法》就是一种严格的层累制。这种号码制度也有不足之处。由于类目每分出一级，号码就要增加一位数字，这样类目分得越细，它的类号就越长。所以号码冗长，不便使用，这是它的一大缺陷。

3. 混合制

混合制是将分类号分成两部分：一部分用顺序制，另一部分用层累制。但究竟哪一种情况下用层累制或顺序制，要视具体同级类目的多少和各级类目的细分程度而定。例如，《科图法》就是基本上使用先顺序、后层累的混合制。

混合制力求兼取两者之长，避免两者之短。所以这种编号方法比较灵活，既能反映某些类目的等级，又能缩短号码，具有一定的伸缩性。因此，在现行的分类法中已得到了推广和应用。《中图法》是以层累制为主、顺序制为辅的混合制编码。

四、辅助符号

分类法除了采用有固定次序的符号系统外，有时根据实际需要，还使用各种没有固定次序的标点符号作为辅助符号。由于这些符号在分类号码中起到助记的作用，故又称之为助记符号。下面就介绍一下《中图法》中几种常见的辅助符号：

1. 分隔符“.”

“.”是《中图法》中最常见的标记符号，几乎所有分类号中有小数点，它不代表任何意义，3 位阿拉伯数字(前面的字幕不算)加一个“.”。

例如：Z256.1 代表“英国的百科全书”，英国的世界地区代码是“561”，加在“Z2 各国百科全书”的后面，必须要加一个“.”进行间隔。

2. 总论复分号“-”

它只限于在使用总论复分表时所加的标示，一些科学门类的图书，按学科内容归入了既定的门类后，还需做必要的形式区分，这就要求使用总论复分表，并将所用的复分号码连同短横直接加在主表分类号之后。

例如：“P1-49”所对应的类目名就是“天文学普及读物”，其中的“-49”就是总论复分表中所罗列的“普及读物”。

3. 起止符号“/”

它是用来表示号码的范围，不做具体分类号使用。

例如：“I3/7”是表示世界上除中国以外的各个国家的文学，但具体到哪个国家的文学就应该用哪个国家的号码，比如：美国文学 I712、日本文学 I313、英国文学 I561。

4. 交替符号“[]”

这个符号在本项目的任务一中已经提到，它必须和“宜入……”配套出现，一般情况代表方括号内的分类号不选用，应该选择宜入后面的分类号。

例如：[S17]农业地理学，宜入 F319.9 农业经济地理。

5. 组配复分号“:”

是用来组配的符号，有些复杂主题的文献需要用两个类号来表达主题时，用冒号加以连接，把两个类组合在一起。

例如：F08 各科经济学(P80)类下有注释：总论入此，专论入有关各类，如愿集中于此者，可用组配编号法。

例：《教育经济学》为 F08：G40-054；《国防经济学》为 F08：E0-054。

必备知识

1.《中图法》的分类号都是由字母、数字和辅助符号组成的，它主要采用层累制。

2. 常见的辅助符号一定要掌握它们的使用方法，为以后细分图书打好基础。

拓展训练

在《中图法》中寻找一下还有没有上面没有提到的辅助符号，请找出来，并且了解一下它的使用方法。

推荐阅读

• 徐云先著.《中图法》逻辑结构分析：以微观结构图的形式. 昆明：云南大学出版社，2011

任务四

了解注释和索引的作用

学习目标

知识目标：了解注释性文字的种类，掌握类目注释的几种表现形式。
能力目标：通过实习掌握类目注释的基本使用方法。

工作任务描述

下面有9个中图分类号：

A467	J995.65	K827
G235	I313.25	TB852.3
TP393.092	X-651	Z855.61

问题思考

请把上述分类号转化为详细类目名称，并且写出类目名称下面的类目注释。

工作任务分解与实施

一、说明和注释

说明和注释分散在分类表的各处，它是对分类表的结构原理和使用方法的揭示。图书分类法的大小类目依据一定的原则和方法排列好，需要用简练的文字进一步加以说明。否则，我们就不能很快地掌握图书分类法的体系结构，对一些概括性的类目和相关学科的类目，也就不能很快地判断哪些图书入此，哪些图书入彼。所以，说明和注释对于一部完整的图书分类法来说，不是可有可无的。新中国成立后编制的几部图书分类法都很重视说明和注释的编写，并且取得了比较突出的成就。分类法中的注释性文字一般可分为编制说明、大类说明、类目注释三部分。

1. 编制说明

编制说明又称序论。通常被置于分类表的前面。它阐述整个分类表的编制目的和要求，依据的理论基础、编制原则，体系结构及其序列的理由，标记符号和使用方法以及编制经过等。如果是修订版，还应有修订说明。说明修订的目的和经过，修订的原则以及修订的主要内容等。因此，编制说明可以帮助人们对分类表有一个初步的全面的认识。在使用分类法时必须首先了解和掌握它的编制说明，以便在分类实践中正确地运用。《中图法》编有第一版的编制说明和第二、三、四版的修订说明。

2. 大类说明

大类说明也称类叙，通常置于每个大类详表的前面。它分别阐述每个大类的内容性质、编制原则、类目体系以及一些特殊的分类方法等。因此，对于从事分类工作的人员来说，在类分图书以前，应该仔细地研究它、熟悉它。《科图法》就编有大类说明。《中图法》的大类说明编在《中图法使用手册》一书内。《人大法》没有编大类说明，主要靠分类人员自己去分析、理解。

3. 类目注释

类目注释是对类目的补充说明。主要是对一些容易混淆或具有特殊意义的类目所作的注解。它是帮助分类人员了解分类体系，明确类目范围和类目之间的关系，以及掌握分类方法的重要依据。因此，在类分图书时要特别加以重视。

类目注释大体可归纳为范围注释和方法注释两种。

(1)范围注释

范围注释，其作用是说明某些类目的内容和范围以及与其他类的关系。

①指明类目的同义词。凡在类目后用括弧注明的词，说明它们之间就是同一关系。

例如：B82 伦理学(道德哲学)。

②指示类目内容。帮助明确一个类所包括的内容或不包括的内容。这种注释主要是采取重点列举的，不能只限于注释所示的内容。这种注释最多，也最重要。

例如：I26 散文随笔、杂文、小品文等入此。

③指明类目参照。对互有关联的类目加以参照，说明类目之间的关系，认清它们之间的差异。

例如：F592 中国旅游事业参见 K928.9。

④指示交替类目。从交替类目指向在另一处的使用类目。

例如：[N99]情报学、情报工作宜入 G35。

(2)方法注释

方法注释，其作用是说明某些类目如何进一步细分以及该类的特殊分类方法。

①指示本类如何复分。

例如：I3/7 各国文学依世界地区表分，再依下表分。

R127 农村卫生仿 R126 分。

②指示本类特殊分类方法。

例如：U448 各种桥梁如遇多主题因素的桥梁文献，入编列在前的类。

所以《铁路钢筋混凝土斜拉挢》这本书就入 U448.13 铁路桥。

③指明同类书的排列方法。

例如：P195 历书依世界地区表分，按年代排。

二、类目索引

类目索引是将分类表中的类目改成标题的形式，按字顺排列，并指出相应的类号。

它是利用分类表的辅助工具，通常是以检字表的形式附在分类表的后面或者单独成册。《中图法》的索引就是单独成册出版的，作为专业分类人员，索引对图书分类的意义不大，所以这里就不详细介绍了。

必备知识

类目注释在《中图法》中都是以小写字体书写的，虽然很不起眼，但是它的作用不可小觑，很多分类的方法都是要以它作为依据的。

拓展训练

在《中图法》中找到范围注释和方法注释类的注释性文字各两组，并且看一下所找出的类目注释对图书分类是否有一定的帮助。

推荐阅读

• 中国图书馆分类法编辑委员会编．中国图书馆分类法(第四版)索引．北京：北京图书馆出版社，2000

项目三　熟练掌握图书分类的基本方法

【项目情景聚焦】

图书分类是一项十分细致的工作，是一种复杂的思维劳动过程，学生必须掌握图书分类的要求和步骤，并且了解分类标引的基本规则。在实践教学中，学生必须熟练对单主题、多主题图书和各种编制体例图书的分类：其中多主题图书的分类是难点，要重点练习。

任务一

了解图书分类的基本要求

学习目标

知识目标：掌握图书分类标引工作的基本概念；了解分类标引工作的意义。

能力目标：分类工作要做到归类正确、反映充分、前后一致和方便检索。

工作任务描述

图书分类中最核心的一部分就是分类标引工作，从狭义的角度上说图书分类就是图书分类标引工作。所以我们首先要了解一下图书分类标引工作和它的基本要求。

问题思考

什么是图书分类标引工作？它有哪些基本工作要求？

工作任务分解与实施

一、图书分类标引工作含义

图书分类标引工作是指运用一种图书分类表，揭示图书中所反映出的学科性质和其他有检索意义的特征，并用分类语言进行描述，使图书获得分类表示，借以组织藏书和检索图书。

组织藏书，是把收到的每一种书恰当地安排在所采用的分类体系中去，使图书分门别类地、系统地组织起来。检索图书，是通过分析归纳，使图书的学科内容及其他具有检索意义的特征，用分类语言描述出来，便于读者按学科系统检索。

二、图书分类标引工作意义

分类标引工作是图书机构组织藏书和揭示藏书的一种手段。其目的是给读者（用户）提供图书信息，达到利用图书的目的。因此，图书分类标引工作非常重要，必须根据图书的内容及其论述的方面、著作目的、读者（用户）需要来进行，从不同的角度给予充分揭示，要杜绝同属异入或性质相同的图书归入不同的类，造成误检或漏检。

三、图书分类标引工作的基本要求

图书分类标引工作十分细致复杂，对标引质量要求较高。如果标引质量不高，就会影响为读者服务。因此，图书分类标引工作必须做到：

1. 归类正确。首先要对图书内容的学科性质分析清楚，并能正确反映其在分类体系中的位置，不能搞错图书内容的学科性质，将不是某一类的图书归入某一类，要求做到辨类、归类无误。

2. 反映充分。图书的学科内容是相当复杂的，它可以只论述一个主题，也可以论述一个主题的几个方面，或论述几个主题，有的可能涉及几个学科门类。有的除学科内容外，还有其他特征。这就要求经过细致的分析研究，分清楚哪是主要的，应该首先反映的，哪些是必须作辅助反映的，均应予以一一揭示，避免造成某一方面的漏检。

3. 前后一致。在我们对图书的学科内容进行分析的时候，往往会产生对某一问题的侧重点有不同的认识，而造成前后标引不一致，加以标引人员还会调动，这就很有可能产生同一种书归类不一致，同性质的书不能归入同一类的现象，这是分类标引工作特别忌讳的。它要求做到同书归类一致，多人归类一致，性质相同或相近的书归入同一类。

4. 方便检索。对图书进行分类标引的目的是便于用户检索和利用。因此，在标引时，除要求正确分析图书的学科内容以外，还要要求按照本图书馆的性质、任务和用户需要来进行标引。并不是分类标引得越细越好，而是要标引适度。要能做到方便检索，一要确切分析图书的学科内容，二是要注意用户的情况。

必备知识

1. 图书分类标引工作是指运用一种图书分类表，揭示图书中所反映出的学科性质和其他有检索意义的特征，并用分类语言进行描述，使图书获得分类表示，借以组织藏书和检索图书。

2. 图书分类工作的基本要求包含归类正确、反映充分、前后一致和方便检索。

3. 图书分类标引的质量的好坏取决于分类人员的专业技术能力，出版发行单位工作人员必须要学习好图书分类这门核心课程。

拓展训练

图书分类标引工作和图书分类有什么联系？

推荐阅读

• 宋学清，王双主编．文献分类标引．西安：西安地图出版社，2007

任务二

做好图书分类的第一步：主题分析

学习目标

知识目标： 了解主题分析的含义；掌握图书资料所包含的五大因素；熟悉主题分析的基本步骤。

能力目标： 能通过主题分析来确定图书资料的主题因素，从而推断出基本大类。

工作任务描述

书店近期采购了6本新书，书名如下：

《现代统计学教材》　　《美国现代小说集》

《数码相机镜头大全》　　《财务管理通论》

《美国军事名人传》　　《中国当代最值得看的100部电影》

问题思考

请用主题分析的方法找出上述图书的主体因素，并写出图书所属的基本大类（字母＋中文）。

工作任务分解与实施

图书分类标引程序是分类标引必不可少的操作过程。分类标引的每一道程序，都直接影响到分类标引的质量，故标引时必须严格按照程序进行。分类标引工作程序一般分为：查重、主题分析、归类、给号、复核五道工序。

一、查重

对于新到的图书，首先要进行查重工作，弄清楚是复本书、不同版本书、还是新书。查重的目的是避免一书两入，以便将同种书及其不同版本，不同卷次的图书集中在一起。查重是图书分类标引的第一个环节，若查重错或查漏，定会影响分类标引质量，当然也会影响读者的利用率。所以，这道工序千万不能省略，这一步骤在实际工作中极为重要，但在课堂教学中就不详细展开了。

二、主题分析

主题分析就是对图书资料的内容进行认真的、详细的分析，是图书分类标引程序中最重要的环节。

1. 图书资料的五大因素

图书资料的内容是很复杂的，但无论怎样复杂，它所论述的中心问题总是包括着具体内容的，是由几个内容组合起来的。一般地说，图书资料所包含的因素主要有下列几个方面：

1)主体因素。指表示图书内容最直接、最主要的因素，即图书的主要学科内容。包括各种事物、问题、研究对象、学科等概念。

2)通用因素。它表达图书内容的通用概念，一般指理论、方法、手段、过程等概念。

3)位置因素。是指主题中主体所处的空间，即地理位置概念，表示国家、地区、地方等概念。

4)时间因素。表示主体存在或运动的时间概念，如年代、时代、季节等概念。

5)类型因素。表示图书的编辑出版形式，即图书的类型，一般指工具书、会议记录等概念。

以上五个方面的因素，以主体因素最为关键，是主要因素，其他是次要因素。因主体因素所反映的是本质属性，故常作归类的依据。即或在主体因素中也要分清楚哪是最主要的，哪是次要的，是否需要一一加以反映，均需作出确切判断。在主体因素不适用的时候，通用因素、位置因素、时间因素、类型因素也有可能作为主体因素考虑，这要根据图书分类法的规定和需要来决定。

例如：《现代汉语词典》是一本非常常见的工具书，“现代”就是时间因素；“汉语”是主体因素；“词典”则是典型的类型因素。《中国文学概论》这本图书中，“中国”很明显是位置因素；“文学”是主体因素；“概论”是非常常见的通用因素术语。

2. 主题分析的常规步骤

图书文献的内容非常复杂，而图书分类标引工作就是要从这些复杂的现象中，分清图书内容的主体因素和次要因素。对主体因素还要弄清它所研究的对象是什么，它是从哪几个方面、从什么学科和角度来进行研究的，作者写作此书的目的、旨意等。要能正确地判断其内容的学科属性，可采用如下步骤：

1)分析书名。

书名是书籍的最基本的要素。分析书名可以帮助了解书的内容，因为书名通常会反映图书的学科内容，帮助我们确定该书的主体因素，自然科学方面的图书在这一领域体现得尤为明显。例如：《天文学概论》，一看书名，便知道它是关于“天文学”的图书。

当然，我们也不能单凭书名的意义来决定图书的类属。因为有的书名往往不能正确表达书的内容实质，如有的书名含义比内容范围广，有的含义比内容范围窄，有的书名不能确切地显示一书的立场、观点及其学科内容等。这在科普读物和文艺作品中尤其多见。因此，在了解书名的意义之后，还要查看题上项、题下项等其他方面的内容。

例如：《蛙》(莫言著)，这本书如果看书名完全不知道它的所属学科。

2)了解著者和出版者。

了解著者和出版者，能够帮助我们判断一书所属大的学科范围和读者对象等。特别是文学作品，其书名有时并不重要，而著者却可作为重要的参考依据。如当看到一书的著者是老舍或巴金时，就可判断是文学方面的著作。

出版社大多是按专业分工的。因此，看到出版社的名称就可以了解是属于哪一专业的书籍，适宜哪些读者阅读。例如，人民卫生出版社出版的多是医药类图书，科学出版社出版的多是科技书籍。

但是，著者和出版者常常有例外情况。有的著者多才多艺，他们的著作并不局限于某一体裁或某一学科。有的出版社超出了规定的专业出书范围。近年来，有的出版社为了片面追求经济效益，出版了许多与该出版社专业性质毫不相干的图书。因此，著者和出版者情况，只能作为我们了解一书内容时参考，要想准确地判断一书的内容性质，还需要通过其他的途径。

3)详细阅读图书内容简介。

现在出版的图书，一般都写有内容提要。有的印在书名页的背面，有的印在封底上。它通常以精练的文字阐明书中的内容要点，指出本书的科学价值、使用范围以及读者对象等。因此，它是了解一书全面情况的重要依据，是判断图书内容性质的主要途径。通过阅读简介，可以判定书名是否能够概括该书的内容实质。

但需要注意的是，有的内容提要过于简略，有的言过其实，还有许多科技书，尤其是专题科学论著，专业性很强，它们的内容提要不是很通俗，比较晦涩难懂，因此还需要继续采用下列办法。

4)检阅目次。

目次又称目录，它是全书的纲要。通过检阅目次可以看出一书的大致内容和概貌。书名有时只反映书的一部分内容，而目次可以了解全部。此外，通过目次还可以获得一书主题内容处理的方式，如是系统论述，还是论文集形式等。但是，目次详略不一，简略的目次有时还不能解决分类上的疑难问题。

5)阅读序、跋。

序就是序言，是写在正文之前的文章。跋就是后记，是写在正文之后的短文。序跋有作者自己写的，多是说明写书宗旨和经过。也有别人写的，多是介绍或评论本书内容。这些材料对于分析图书内容有着重大的意义。近年来翻译的外国著作，多数有编译者或出版者的长篇序言或跋语。详细介绍出版的原因，分析书中的立场观点、科学价值以及指出阅读时应该注意的事项等。这更可以帮助我们正确地理解这些图书。

6)涉猎全文。

就是将全部正文粗略地翻阅一遍，或对正文中某些篇章作重点阅读。这有助于进一步了解全书的主题、写作目的、读者用途和作者的政治观点。

必备知识

1. 主体因素是最为关键的因素，它反映的是图书的本质属性，所以一般都拿来作为分类的依据。

2. 要非常熟悉《中图法》的 22 个基本大类，才能将图书的主体因素转换为具体的大类，这是分类至关重要的第一步。

拓展训练

请分析一下下面图书的书名，有什么相同点，试着写出所对应的主体因素。

《工程力学概论》　　《美国电影美学》

《当代体育心理学》　　《AutoCAD 建筑绘图综合练习》

《物理化学方法论》　　《计算机在出版发行中的应用》

推荐阅读

- 周军等主编．文献标引与文献编目．天津：天津科学技术出版社，2013

任务三

顺利完成图书分类其他步骤

学习目标

知识目标：通过主题分析确定大类之后，先逐层归类确定类目等级，然后分配一个最适合的分类号码或者书架。

能力目标：逐层归类时能写出类目所对应的类系，给号时注意标记符号和注释文字。

工作任务描述

书店近期采购了6本新书，书名如下：

《邓小平理论新编》　　《世界短篇小说集》

《新中国建筑美学》　　《现代新闻编辑学》

《Internet资源指南》　　《凹版印刷技术》

问题思考

请先进行主题分析确定大类，然后逐层划分写出类系，最终确定一个中图分类号。

工作任务分解与实施

万事开头难，通过主题分析确定基本大类后，接下来的工作也非常重要，主要有以下三步：

一、归类

归类是根据图书所反映的主体因素将图书归入最恰当的类，也就是运用已经选择好的图书分类法，按照图书的学科内容，找到适当的类目。这样决定的类，是该书的主要类目，主要类目决定图书在分类排架时的位置。

在归类过程中，一定要做到按图书所属大类逐级查找，首先应按照图书的内容性质，确定它属于哪一个大类，然后再从该大类底下去决定属于哪一个二级类，再从该二级类中去决定应属哪一个三级类，依此逐级往下细查，直至找到最切合本书内容的类为止。初学分类时，切忌直接到详表中查找细目，碰到与所用主题字面相同的类目，即将该书归入。因为类目表上的一些细小主题，往往只表明该类完整含义的一部分，在使用时必须与其上位概念相加，才能表达出完整的类目含义。例如“小说”，在文学大类中，I0 文学理论、I1 世界文学、I2 中国文学、I3/7 各国文学等处都作为一个类目出现，但所属上位类却有很大差异，如果不注意上位概念，就会归错类。

我们知道，图书分类法在编制时虽然是以科学分类为基础的，但是类目表的组织并不完全等同于科学体系，类目名称和书的学科内容所反映出来的主题概念，也不尽相同，如何能够正确归类，确实是一个非常重要的问题。特别是对于初学分类的同学，一定要很好地熟悉分类法的体系，了解它们的立类、列类原则，了解类目表中每一个类目的含义，特别是对于一些类目划分和排列的隐含规则和类目隐含的内容，能够有所了解，归类的时候就会方便一些。比如：“K20 中国通史”类下，“K209 普及读物”，均可作为 K21 以下各代史的仿分类目。也就是说，在各代史下虽然没有列出“革命史”、“文化史”等类目，但是实际上这些类目都是隐含的，如果遇到有各代革命斗争史的书籍，就可以启用表示革命斗争史的号码“1”。要能够掌握某一分类法的特殊规定，只有从实践中学习，特别要学会分析的方法，通过对每一类目的分析，能够了解各种错综复杂的情况，判断该内容所应处的位置，做到归类正确。

但是有些图书的内容往往不是那么的突出，常常牵连到知识部门或者一个门类中的几个问题。在编制分类目录时，除了将该书归入一个主要类目，还要将它在有关门类中反映出来，才能达到充分反映的要求。所以在决定一书主要类目的同时，还要决定该书是不是也可以归入其他的门类。这样在有关类目重复反映同一部书，称为互见或互著。互见可以为读者提供更多的检索入口，使书获得更大的利用率，这种互见或互著通常称为附加分类。

有时全书已经归入一个类目，但其中有一部分材料对于另外一门类更为重要，那就可以将这一部分内容分出来，并将它单独归入另一有关门类，称为分析分类。分析分类可以深化对于图书内容的揭示，扩大图书的用途。

附加分类和分析分类只适用于组织分类目录，而不能用于图书排架。因为一种图书在书架上只能占有一个位置。

二、给号

当一本书被确定了恰当类目之后，应立即把代表类目的号码写在书的一定位置上。一般是写在书名页的左上角或写在封底前一页的右上角靠近书脊不易损坏的地方。这是该书的主要类目的分类号，即主要分类号。此号即为分类排架的号码，也是该书在分类目录中主要款目的目录分类号。而附加分类和分析分类及其相应的分类号码，只用作组织分类目录。代替附加分类和分析分类的分类号码则写在附加分类款目和分析分类款目左边中间位置上。一书分入几类时，它们的分类号码用“＋”号联结起来，称之为完全分类号，写在基本款目正面右下角。

给号时，必须注意给号的正确性和完整性，既不能漏掉一个符号，也不能多一个符号。特别是在运用复分表加复分号时尤其要注意，千万要按照分类表的类目说明去办，不能自以为是。

三、复核

给号以后，图书分类工作基本完成。但是为了检验内容性质相同的书是否归于同一类目，在分类工作基本完成以后，还应该核对分类目录，如果遇到有分类不当或者前后不一致的地方，应及时改正，以保证前后一致。

类目和主要分类号码确定之后，还要解决同类书籍的排列问题。因为同一类号下，往往有很多种书，如果不进一步作区分，它们的先后次序仍是不能固定。所以在有了主要分类号之后，还要编制书次号，也叫作书码。编制书码的方法有好几种，以后再单独介绍。主要分类号和书次号构成一书的索书号。

必备知识

1. 归类的时候一定要严格按照逐层划分的步骤，不仅能提高效率，也大大提高了准确率。

2. 给号的时候书店一般都是在图书管理系统标注此书放在哪个书架上，简单地说，书店给出的号就是图书所放的书架名，这和图书馆的给号有很大的区别。

拓展训练

在完成本单元的工作任务后，试着写出中图分类号所对应的详细类目名，完成后思考一下图书馆和书店分别用哪个号码。

推荐阅读

- 杨鸣放主编．文献标引手册．沈阳：沈阳出版社，2008

任务四

熟悉图书分类基本规则，掌握单主题图书分类方法

学习目标

知识目标：熟悉图书分类的基本规则，了解什么是单主题图书，掌握三种情况的不同分类方法。

能力目标：图书分类实训正式开展，单主题图书分类方法比较简单，要严格按照图书分类步骤一步一步展开。

工作任务描述

书店新到9本单主题图书，书名清单如下：

《辩证唯物主义》　《电工学》　《昆虫学》

《工程力学》　《坦克构造》　《运动心理学》

《茶的种植与加工》　《土壤普查和营养诊断》　《人力资源开发和管理》

问题思考

给上述单主题图书进行分类，写出图书所对应的中图分类号和详细类目名。

工作任务分解与实施

图书分类标引工作质量的优劣，会直接影响到图书馆其他工作的开展。而影响分类标引质量的很重要的原因有：①是否严格遵守分类标引工作程序；②分类标引规则是否前后一致；③分类标引工作人员的专业素质和文化修养。

分类标引工作人员在标引图书的时候，常常会遇到各式各样的疑难问题。比如：中国农业机械化科学研究情报室编的《农业机械文摘》，是按照它的学科内容标引为“S22 农业机械及农具”呢，还是按照其体例归入文摘呢？又比如：一书所包含的主题在两个或两个以上，究竟按哪一个主题标引呢？如《利用赤眼蜂防治棉铃虫》，既介绍了赤眼蜂的特性、种类和人工养蜂的方法，又着重介绍了棉铃虫的发生规律和利用赤眼蜂防治的办法和效果，是按照赤眼蜂的特性及其饲养方法归入“S89 养蜂、益虫饲养”呢，还是按其重点归入“S476 生物防治、植物灾害的自然制约”呢？这些疑难问题究竟如何解决，就需要有分类标引规则来进行规范统一。

一、图书分类的基本规则

分类标引的基本规则是指贯穿于整个分类标引工作中的规则。它的基本内容是：

1. 分类标引图书时，必须先考虑该书所反映的主体因素，以其主体因素作为主要分类标准，必要时再以通用因素、位置因素、时间因素、类型因素作为辅助标准。也就是说，在类分图书时，总是首先考虑图书内容的属性，根据图书内容在科学体系中的位置给以类号，这样才能将学科内容相同的图书放在一起，便于读者选择和利用。只有在不适于以学科内容归类时，再考虑其他因素作为分类标准(如体裁、地域、时代、语言等)。在图文文献中，凡涉及学科内容、地域、时代、语文等多重区分时，其次序为先按学科内容归类，其次是国家，再次是时代。例如：《湖南气候》(首先按学科归入气候学，然后是地区：中国湖南)，类号为：P468：264。

2. 类分图书必须体现分类法的系统性、等级性和逻辑性。凡能归入某一类的书，必带有其上位类的属性。也就是说，凡能分入下位类的书，一定能分入其上位类。例如，关于图书馆宣传的图书、指导阅读的书，入“G252.1 图书宣传”，而不能入“G236 图书宣传、评介”类，因为 G236 的上位类是出版事业，不符合图书馆宣传图书的含义，故不能归入。而 G252.1 的上位类是图书馆商业，符合图书馆宣传图书的含义，故归类正确。分类标引时，一定要详考其上、下位类的关系，否则会造成错误。

3. 图书必须归入最大用途和最切合其内容的类。在为图书分类时，除首先考虑该书所反映的学科内容外，还应该结合图书馆或者书店的性质和任务，使图书归入对完成图书馆或书店任务有利的类、读者最需要的类。在类分图书过程中，往往会遇到一书内容性质的特点是多方面的，有时按照该书的内容可以归入几个不同的类。根据什么标准归入一个主要的类和必要时在几个有关的类予以反映呢？这就要考虑图书馆或者书店读者的需要。

例如：F204 科学技术管理　参见 G311 科学研究工作。

这两个类目是典型的交叉关系，如果图书内容侧重于科研机构的日常管理就分到 F204；如果图书内容主要以科研方法为主，则应该归入 G311 这个类目。

4. 不能单凭书名的意义分类标引。一般来说，书名能够反映书的内容属性，但也不是每种书都是这样，特别是科普读物和文艺作品更应该注意。这样的例子很多，如《神曲》、《雷雨》都是非常有名的文学作品，如果不是很了解单凭书名分类就很容易分到其他类别。所以一定要进行主题分析，才能达到正确分类标引的目的。

二、单主题图书分类标引规则

单主题是指文献论述或研究一个对象，即一个主题内容。它根据构成主题概念因素的数量，可划分为单元主题和复合主题。单主题是指文献只含有一个主题概念因素。复合主题是指由两个或两个以上概念因素结合组成的单主题。

1. 单主题文献的分类

1)对某一事物或问题的综合研究，或同时从多个学科角度研究该事物或问题的文献，应按照该事物或问题的学科属性归类。例如：

《植物学》，入生物学中的“Q94 植物学”。

《传播学概论》，入“G206 传播理论”。

2)分别从不同学科角度论述某主题的文献，应根据研究角度归入有关学科。例如：

《鱼的养殖技术》从水产养殖技术角度研究“鱼”，归入 S96 水产养殖技术。

《鱼肉罐头的加工》从水产加工角度研究“鱼”，归入 TS254 水产加工工业。

《鱼类大观》从动物分类学角度研究“鱼”，归入 Q959 动物分类学。

2. 复合主题文献的分类

研究一个主题的多个方面的文献，根据作者论述重点或写作目的归类；不能辨别其重点的，归入能概括两个方面的上位类，没有共同上位类的，则按在前的主体因素归入，并在另一个类作互见分类。例如：

《胡萝卜良种栽培》，重点是“栽培”，归入 S631.204 胡萝卜的播种、栽植、育苗。

《铅酸蓄电池的设计改造、使用和修理》，入上位类 TM912.1 酸性蓄电池。

《小麦病虫草鼠害综合治理》，没有共同上位类，所以入 S435.12 麦类病虫害。

必备知识

1. 图书分类的四大基本规则。

2. 从不同角度论述某学科的图书要根据主体因素的研究角度归入相应学科。

3. 复合主题文献一般归入共同上位类，没有的话就归入第一个主题。

中国图书馆分类法

拓展训练

对下列复合主题文献进行归类，写出具体步骤，并写出最终分类号和详细类目名例子：

《胡萝卜良种栽培》{ 胡萝卜良种 S631.203；胡萝卜栽培 S631.204 } S631.2 农作物胡萝卜

《图书出版编辑和发行工作》　　《中国古代诗词歌赋 300 首》

《英语词汇、语法一本通》　　《漫画、连环画技法大全》

《中老年人养生指南》　　《Word、Excel 使用技巧大全》

推荐阅读

- 宋学清，王双主编．文献分类标引．西安：西安地图出版社，2007

任务五

掌握多主题图书分类方法

学习目标

知识目标： 知道什么样的图书是多主题文献，掌握两种情况的不同分类方法。

能力目标： 本单元的工作任务是一个难点，实训的时候一定要细心进行，有什么问题随时提问。

工作任务描述

书店近期采购了 8 本多主题图书，书名如下：

《体育场地与器材》

《物理学与声学》

《柑、橘、荔枝、龙眼栽培》

《地球、生命和人类的起源》

《化学在农业中广泛运用》

《计算机技术在新闻出版中的应用》

《血吸虫与血吸虫病》

《地震给人类和自然界的危害》

问题思考

给上述多主题图书进行分类，写出图书所对应的中图分类号和详细类目名。

工作任务分解与实施

多主题是指文献论述或研究两个或两个以上对象，即多个主题内容。根据各主题间的关系，可划分为两种情况：比较关系主题和主动被动关系主题。其中比较关系主题又分为：并列关系主题和从属关系主题；主动被动关系主题分为应用关系主题、影响关系主题和因果关系主题等。

一、比较关系主题

图书中多个主题呈现比较有序的排列关系的时候，我们称之为比较关系主题，一般书名中将多个主题用顿号、逗号、“与”、“或”等间隔开。一般情况下分为以下两种情况：

1. 并列关系主题的分类

并列关系主题是指文献同时论述两个或两个以上各自独立的主题。具有多个并列主题的文献，归入能概括它们的上位类；无共同上位类的，根据论述的重点或写作目的归类；若不能辨别其重点，则按照前一个主题的学科属性归类。

例如：《广播、电视简明技术手册》，入重点的主题 TN94-62 电视。

《家禽家畜养殖》，有共同上位类，入 S8 畜牧、动物医学、狩猎、蚕、蜂。

《肺心肾疾病学》入共同上位类 R5 内科学。

《板栗 核桃 枣 山楂 杏栽培与病虫害防治》入共同上位类 S660.4 果树园艺。

2. 从属关系主题的分类

各主题是从属关系的图书，内容涉及的学科是上下位类的关系，一般应归入其上位类。如图书内容重点是论述较小主题的，则按较小主题的性质归类。

例如：《物理化学与胶体化学》入上位类 O64 物理化学。

《地球和行星》重点论述地球，入 P183 地球。

《农业植物与花卉》入上位类 S6 园艺。

二、主动被动关系主题

除了比较关系主题，很多图书都是论述一个学科作用于另外一个学科，这个我们称之为主动被动关系主题，比较常见的有下面三种情况：

1. 因果关系主题的分类

各主题是因果关系的书，一般按照结果的主题归类。如果一个原因的主题产生几个结果主题的书，则按原因的主题归类。

例如：《从猿到人》入 Q981.1 人类起源论。

《病毒在引起肝、脑疾病中的作用》入 R374 致病重要病毒。

2. 影响关系主题的分类

各主题是影响关系的图书，一般依受影响的主题归类。但如果论及一个主题在各方面的影响的书，则依发生影响的主题归类。

例如：《马克思主义与文艺》入 I0 文艺理论。

《月球引力对人类健康的影响》入 R339.5 特殊环境生理、生态生理。

《大气污染对人体、生物及建筑物与设备的影响》入 X51 大气污染及其防治。

3. 应用关系主题的分类

各主题是应用关系的图书，一般按照被应用的主题归类。但是一个主题综合阐述了各方面应用的书，则按该主题的学科性质归类。

例如：《电子计算机在图书发行工作中的应用》入 G235 发行工作。

《光谱分析在工、农业生产中的应用》入 O433.4 光谱分析。

《运筹学、统计学在管理学中的应用》入 C931.1 管理数学。

必备知识

多主题图书分类步骤基本如下：

1. 通过主题分析，如果有两个或两个以上主体因素，基本可判断为多主题图书。

2. 接下来看一下图书中有没有重点论述其中一个主题，如果有的话就依重点主题归类，如果没有就要判断多个主题之间关系。

3. 如果这多个主体因素在图书中分别进行论述，一般可判断为比较关系主题。分类时首先将所有主体因素进行分类，然后比较它们之间的关系，如果有共同上位类就入上位类，如果没有的话，就入正文中第一个论述的主题。

4. 如果有一个或多个主题主动作用于其他主题，可判断为主动被动关系主题。如果被动的主题只有一个，就以此归类，如果有多个被动主题，就依主动因素归类。

拓展训练

对下列多主题文献进行分类，并写出最终分类号和详细类目名

《粤语与普通话》

《有机化学在医学和生物学中的应用》

《优选法在工业中的应用》

《社会人文对中国古代建筑形成和发展的影响》

推荐阅读

- 刘湘生编著. 主题法的理论与标引. 北京：国家图书馆出版社，2013

任务六

了解不同编制体例图书的分类方法

学习目标

知识目标：知道有哪些特殊体例的图书，了解各种体例图书分类的基本方法。

能力目标：掌握工具书和教辅类图书的分类方法。

工作任务描述

书店近期采购了不少各种编制体例的图书，分配了8本给你，书名如下：

《呐喊》(鲁迅全集)　　《中国大百科全书数学卷》

《新编农业专业词汇》　　《十万个为什么地球史》

《化工文摘》　　《经济工作手册》

《大学化学综述》　　《化学课后训练　初三》

问题思考

将上述图书进行分类，写出图书所对应的中图分类号和详细类目名。

工作任务分解与实施

一、丛书的分类

丛书是按照一定的主题范围，汇集多种单独的著作，并冠有一个总书名的集群式出版物，一般包括丛刻、文库、全集等，分类的时候一般分为两种情况：

1. 有的丛书有完整的编辑出版计划，册次连贯，装帧一致，内容联系密切，这样的丛书应该集中分类，也就是按照整套丛书内容的学科属性集中归类。

例如：《联结与紧固》(机械工程丛书)入 TH 机械、仪表工业。

《鲁迅研究丛书散文研究篇》入 I210.97 鲁迅著作研究

《物理现象》(自然科学小丛书)入 N49 自然科学普及读物

2. 如果丛书的学科性、技术性非常强，学科内容相当广泛的丛书应该分散归类，也就是按照丛书各个分册的内容分别归类。

例如：《美国城市管理》(政治学丛书)入 D771.232 美国地方自治

《现代系统工程概论》(现代科学管理丛书)入 N94 系统科学

二、多卷书的分类

多卷书是指同一著作分若干卷册陆续出版或一次出版的著作。在书店里，多卷书不论有多少卷，不论其分卷、分册是否有单独的书名，都不能分散处理。这是因为多卷书各卷之间内容上有着密切的联系，读者通常也是将多卷书作为一部完整的书来看待的，所以一般应集中分类，并以全书的整体内容为归类的依据。

例如：《王亚南文集》第二卷：《资本论》研究，应先按整体内容归入 F-53，而不是分到 A 大类

《物理学》第三册：光学，应归入 04 物理学而不是光学

三、工具书的分类

工具书是专供查找知识信息的文献。它系统汇集某方面的资料，按特定方法加以编排，以供需要时查考的文献。从文献分类的角度讲，工具书可分为参考工具书和检索工具书两大类，分类的方法有所不同。

1. 参考工具书分类

参考工具书是指广泛收集某方面的知识材料，以特定的形式进行组织编排并提供一定检索方法，供读者查找某方面的基本知识材料或解难释疑。按功能，一般分为：百科全书、年鉴、辞典、名录、手册、图表册。分类时一般分散归类，也就是按照学科性质为主要标准，论著形式为辅助标准。

例如：《辞海》，是中国最大的综合性辞典，分类应入 Z32 中国辞典

《辞源》，是一部古汉语词典，分类应入 H164 汉语词典

《中国出版年鉴》应归入 G239.2-54，而不是 Z52

2. 检索工具书分类

检索工具书是检索书刊资料的工具，能为人们指引读书门径，提供资料线索、出处。一般分为：书目、文摘和索引。分类时均集中归类，统一归入 Z 大类，如果想体现出学科性质，可用组配分类号连接学科大类。

例如：《全国中医图书联合目录》入 Z88：R 图书专科目录

《国外博士学位论文索引》入 Z89：G 文摘、索引

四、教辅图书的分类

教辅图书包括教材、教材大纲以及各种教学参考资料等。除中小学用书(包括职业高中)和初、中等成人业余教育教学用书分入各级教育有关类以外，其他均按文献的学科内容入有关各类。书店里面设立的教辅图书专区一般都是针对中小学读者的，普通大中专以上教辅图书仍然按照学科性质归类，这样既方便管理，又方便读者选购。

例如：《数学》(成人业余中等教材)入 G723.46 成人教育、业余教育数学教材、课本

《概率论与数理统计教程》入 O21 概率论与数理统计

五、电子出版物的分类

中华人民共和国新闻出版总署在2008年2月21日颁布的《电子出版物出版管理规定》中，将电子出版物定义为：是指以数字代码方式，将有知识性、思想性内容的信息编辑加工后存储在固定物理形态的磁、光、电等介质上，通过电子阅读、显示、播放设备读取使用的大众传播媒体，包括只读光盘(CD-ROM、DVD-ROM等)、一次写入光盘(CD-R、DVD-R等)、可擦写光盘(CD-RW、DVD-RW等)、软磁盘、硬磁盘、集成电路卡等，以及新闻出版总署认定的其他媒体形态。

这类出版物的分类方法应与印刷的图书一样，分类时，也应以它们内容的学科性质归类。但是这类出版物，由于形式特殊，在书店里均单独设置专柜或专区陈列。

必备知识

1. 知识性、科普性、关联性较强的丛书要集中归类，按照丛书名划分类别；而学术性、学科跨度大的丛书宜分散处理，按照分册书名进行归类。

2. 多卷书统一集中归类，按全套书学科性质分类。

3. 参考性工具书一般按照学科性质归类，检索性工具书不管学科性质，统一分到Z8类。

4. 大学或专科学校(包括中专)的教辅图书，应按学科性质归类。凡中等学校以下(包括成人教育)的各种教辅用书，一律归入教育类。

拓展训练

对下列图书进行分类，并写出最终分类号和详细类目名

《天文年鉴》　　　　《会计从业资格考试习题集》

《〈红楼梦〉人名索引》　《The one 周杰伦演唱会》(音乐CD)

推荐阅读

• 叶勇，明月辉，吕健主编．中文工具书的使用及实践指导．长春：吉林文史出版社，2013

项目四　掌握各类图书的分类方法

【项目情景聚焦】

掌握了基本的分类方法以后，同学们对图书分类有了大概的认识，但是各类图书的分类却有很多的不同，我们按照《中图法》的体系结构，分门别类地一一进行介绍，每个分解的任务通过大量的实习巩固《中图法》的使用方法。

任务一

掌握马列主义、毛泽东思想、邓小平理论图书分类规则

学习目标

知识目标： 了解一下马列主义、毛泽东思想、邓小平理论的基本历史沿革，了解《中图法》中 A 大类的基本体系结构。

能力目标： 能判断出哪些图书是马列主义、毛泽东思想、邓小平理论学科的图书，归类的时候一定要逐层划分，一些注意事项所对应的分类方法一定要掌握。

工作任务描述

恰逢"两会"召开前夕，书店重点采购了马列主义、毛泽东思想和邓小平理论方面的图书，列出如下 8 本。

《共产党宣言》(马克思、恩格斯 1848 年著)　《列宁论图书馆》(列宁著)

《资本论》讲解(中央宣讲团编)　《沁园春·雪》(毛泽东著)

《列宁斯大林论中国》(列宁、斯大林著)　《少年时代的毛泽东》(雷佳仁著)

《邓小平理论与我军现代化建设》(张瑞著)　《马克思美学思想研究》(刘志文著)

问题思考

将上述图书进行分类，写出图书所对应的中图分类号和详细类目名。

工作任务分解与实施

一、马列主义、毛泽东思想、邓小平理论介绍

马列主义是马克思和恩格斯的观点和学说的体系，是无产阶级及其政党的十分严谨而彻底的世界观，是无产阶级解放运动的理论，是无产阶级根本利益的科学表现。列宁主义是帝国主义和无产阶级革命时代的马克思主义。毛泽东思想是以毛泽东为主要代表的中国共产党人，根据马列主义的基本原理，把中国长期革命实践中一系列独创性经验作了理论概括，形成了适合中国国情的科学的指导思想，是马列主义普遍原理和中国革命具体实践相结合的产物。邓小平理论作为马克思主义同当代中国实践和时代特征相结合的产物，是毛泽东思想在新的历史条件下的继承和发展，是当代中国

的马克思主义，是马克思主义在中国发展的新阶段。

马列主义、毛泽东思想、邓小平理论是指导我们思想的理论基础，是我们建国、立国、治国的四项基本原则之一。因此，我国的图书分类法大都把马列主义、毛泽东思想、邓小平理论列为第一大类。

马列主义、毛泽东思想、邓小平理论是以马克思、恩格斯、列宁、斯大林、毛泽东、邓小平为主要代表的全体无产阶级及其领袖集团在长期的无产阶级革命实践中共同创立的一门科学。他们的著作对这一科学理论作了集中的概括。根据对马列主义、毛泽东思想、邓小平理论的科学理解，马列主义、毛泽东思想、邓小平理论的科学理论不是几个人的产物，而是集体智慧的结晶。因此，我国目前三部新分类法的“马克思主义、列宁主义、毛泽东思想、邓小平理论”大类的概念是不明确的。因为从所列内容看，并不是完全指马列主义、毛泽东思想、邓小平理论，而是六位经典作家的著作及其生平事迹。

二、马列主义、毛泽东思想、邓小平理论图书的内容范围

马列主义、毛泽东思想、邓小平理论图书的内容范围包括六个方面：马克思、恩格斯、列宁、斯大林、毛泽东、邓小平这六位经典作家的原著；对六位经典作家原著研究的著作，以及对马列主义，毛泽东思想、邓小平理论综合研究的著作；六位作家生平传记的著作；各国马列主义政党领导人的著作；马列主义三个组成部分的著作；运用马列主义、毛泽东思想、邓小平理论对各学科门类进行研究的著作。

《中图法》中 A 大类主要包括前三个方面的内容；而各国马列主义政党领导人的著作，序列在“D 政治、法律”类的“D3 各国共产党”里；马列主义三个组成部分：马克思主义哲学、科学社会主义和马克思主义政治经济学，分别序列在“B 哲学”、“D 政治、法律”、“F 经济”等类中；运用马列主义、毛泽东思想、邓小平理论对各学科门类进行研究的著作，按其内容性质，分别归入各有关学科。

三、《中图法》A 大类体系结构

A1/5　马克思、恩格斯、列宁、斯大林、毛泽东、邓小平著作。

A7　马克思、恩格斯、列宁、斯大林、毛泽东、邓小平生平和传记。

A8　马克思主义、列宁主义、毛泽东思想、邓小平理论的学习和研究。

A 大类的类目编排比较特殊，不是按照图书的学科属性作为分类的主要标准，而是以形式特征作为分类的主要标准。马列大类中的特点是：依人归类，并在类目编列中突出反映原著。

四、分类注意事项

1. 注意鉴别本书是否是经典作家的原著。

如果是六位经典作家自己写的著作，则应归入 A1/5，如果是其他人写的关于他们理论的著作，则应归入 A8。

例如：

《毛泽东选集》入 A41 毛泽东选集、文集。

《毛泽东思想研究》则入 A841 毛泽东著作的学习和研究。

2. 注意区分马、恩、列、斯、毛、邓生平传记的图书和有关他们的文艺作品。

有关六位经典作家的传记、回忆录等，无论是自传还是他人所作，统一归入 A7，而关于他们的文艺作品，应入文学、艺术有关门类。

例如：

《马克思传》入 A711 马克思传记。

《毛泽东诗词(行书)》则入 J292.35 中国行书书法。

3. 六位经典作家关于其他学科的著作称之为专题汇编，在分类时不应归入各类，而是分到每个人对应的专题汇编类目中。

例如：

《毛泽东论党的建设》入 A462 毛泽东关于共产主义、共产党的专题汇编。

《马克思论宗教》则入 A163 马克思、恩格斯关于哲学宗教的专题汇编。

4. 马列主义、毛泽东思想、邓小平理论影响到其他学科，或者在各学科中的应用，这方面的图书分类时就被认为是多主题图书，要归类到各学科中去。

例如：《邓小平理论与中国特色市场经济建设》入 F123.9 中国市场经济与市场体系。

必备知识

马列主义、毛泽东思想、邓小平理论图书分类基本步骤：

主题分析⇒确定 A 类⇒是否原著⇒依人归类⇒注意专题汇编和六人传记。

推荐阅读

- 胡建华，覃翠生主编．图说马列．北京：中共中央党校出版社，2012
- 郑德荣，王占仁著．毛泽东思想纵横观．北京：人民出版社，2014
- 中国社会科学院马克思主义研究学部编．38 位著名学者纵论邓小平理论．北京：中国社会科学出版社，2014

任务二

掌握哲学类图书分类规则

学习目标

知识目标： 了解一下什么是哲学和宗教，掌握哲学的五个相关学科，了解《中图法》中B大类的基本体系结构。

能力目标： 能判断出哪些图书是哲学宗教类的图书，五个相关学科分类时是归属于B大类的，一些分类方法的注意事项一定要掌握。

工作任务描述

书店近期采购了一批哲学宗教类的图书，下面是其中的10本。

《马克思主义哲学基本原理》　《十八世纪法国唯物主义》

《教育哲学》　《培根哲学论文集》

《职业道德面面观》　《心理暗示的副作用》

《社会美学的古代形态》　《中国婚姻伦理嬗变研究》

《基督教在中国的传播》　《明代道士张三丰考略》

问题思考

将上述图书进行分类，写出图书所对应的中图分类号和详细类目名。

工作任务分解与实施

一、哲学、宗教学科简介

哲学是关于世界观的学说，是人们对整个世界(自然界、社会和思维)的根本观点的体系，是自然知识和社会知识的概括和总结。哲学的基本问题是思维和存在、精神和物质的关系问题。对这些问题的不同回答，形成哲学史上唯物主义和唯心主义两大派别以及辩证法和形而上学的斗争。

古希腊时期的自然派哲学家被认为是西方最早的哲学家，不管他们认识世界的方式是否正确，但是他们的想法之所以有别于迷信的原因在于，这些哲学家是以理性辅佐证据的方式归纳出自然界的道理。苏格拉底、柏拉图与亚里士多德奠定了哲学的讨论范畴，他们提出了有关形而上学、知识论与伦理学的问题。某些现代哲学家认为，直到今日的哲学理论依旧只是在为他们三人做注脚而已，换言之即使数千年后，我们依旧在试着回答他们所提出的问题，这也代表着我们依然为这些问题或是这些问题所延伸的更多问题而感到困惑。

“哲”一词在中国起源很早，历史久远。如“孔门十哲”，“古圣先哲”等词，“哲”或“哲人”，专指那些善于思辨，学问精深者，即西方近世“哲学家”，“思想家”之谓。一般认为中国哲学起源于东周时期，以孔子的儒家、老子的道家、墨子的墨家及晚期的法家为代表。而实际上在之前的《易经》当中，已经开始讨论哲学问题。

在古代，哲学研究的对象是庞杂的，上至天文，下至地理。凡是能给人以智慧、使人聪明的各种问题，都是哲学的研究对象。这时期的哲学研究对象，包含了具体科学的对象，哲学和科学浑然一体。到了奴隶社会中期，数学、天文学和医学等具体科学成为一门门独立的科学，从哲学中分化出去了。哲学的研究对象缩小了，并具体化了，在哲学内形成了各种具体的哲学学科：本体论、认识论和逻辑学。随着资本主义社会的确立，产生了近代实证科学，各门具体科学纷纷从哲学中独立出去，获得了突飞猛进的发展，哲学研究对象又缩小了。恩格斯指出：“在以往的全部哲学中还仍旧存在的，只有关于思维及其规律的学说——形式逻辑和辩证法，其他一切都归到关于自然和历史的实证科学中去了。”认识论和发展观的问题成为这一时期哲学的重点问题。

了解天文学

在当代，由于自然科学、社会科学和意识科学的独立和迅速发展，哲学的研究对象又发生了变化。哲学不再研究世界某一范围、领域的问题了，而是研究整个世界一切事物、现象的共同本质和普遍的规律，如世界的本源，物质和意识的关系，世界的基本状态等问题，从而形成了唯物主义、唯心主义两大派别。

了解哲学

宗教，是人类社会发展到一定历史阶段出现的一种文化现象，属于社会意识形态。主要特点为，相信现实世界之外存在超自然的神秘力量或实体，该神秘统摄万物而拥有绝对权威、主宰自然进化、决定人世命运，从而使人对该神秘产生敬畏及崇拜，并从而引申出信仰认知及仪式活动。在人类早期一些社会中，宗教承担了对世界的解释、司法审判、道德培养和心理安慰等功能。现代社会中，科学和司法已经从有些宗教分离出来，但是道德培养和心理安慰的功能还继续存在。宗教所构成的信仰体系和社会群组是人类思想文化和社会形态的一个重要组成部分。研究宗教的学科是宗教学。

二、哲学、宗教类图书的内容范围

哲学、宗教类图书包括五个方面：以马克思主义哲学为主题的哲学理论著作；各国各时代的哲学著作和哲学史；一些已成为专门学问，但还没有脱离哲学领域的哲学专门学科，如思维科学、逻辑学、伦理学、美学和心理学；历史上与哲学发生过密切关系的无神论与宗教；哲学理论在各学科运用的著作。

《中图法》的哲学、宗教大类收入前面四个方面的内容。第五个方面著作归入各学科门类中。

三、《中图法》B 大类体系结构

B0　哲学理论

B1/7　世界及各国哲学

B80/84　哲学范畴的各专门学科

B9　宗教

B0 哲学理论包含有：马克思主义哲学、哲学基本问题、辩证唯物主义、历史唯物主义、哲学流派及其研究，是依据马克思主义哲学的学科体系编著的。

而 B1/7 世界及各国哲学的划分方法是，先按地区国家分，然后按时代划分，同时代再依哲学家顺序排列。这是因为，历史上的哲学家往往代表着某种哲学思想及其流派，按人归类，有利于集中所有和该哲学家相关的全部资料。

B80/84 哲学范畴的各专门学科中包含有五大学科：思维科学(总论)、逻辑学、伦理学(道德哲学)、美学和心理学。其中心理学是研究人的心理活动的客观规律的科学，也与哲学有密切关系，因而列在哲学大类。

宗教与唯心主义哲学不仅有着密切的关系，而且还存在着认识论的共同根源，所以将宗教学列为哲学大类的最后一个序列。

四、分类注意事项

1. 注意区分哲学著作与专门学科的哲学理论著作。凡属专门学科的哲学理论，均按学科内容分入有关各类。同理，哲学范畴的各专门学科在其他学科中的应用也是分入各类。

例如：《文化哲学十五讲》入 G02 文化哲学

《中国历代军事哲学概论》入 E0-02 军事哲学

《汽车美学》入 U462 汽车整车设计与计算

2. 各国哲学家的著作，除包括他们的全集、选集及个别著作外，关于他们的哲学思想和哲学著作的评论、研究、注释以及哲学家思想学说为主要目的的哲学家思想评传等，均应随该哲学家归类。至于哲学家的非哲学著作，则应按其学科内容归入相应学科门类。

例如：《第一哲学沉思录》(法)勒内・笛卡儿著入 B565.21 笛卡儿哲学

《微积分》(法)勒内・笛卡儿著入 O172 微积分

3. 关于神话起源、流传、研究，以及原始宗教的文献入 B93 神话与原始宗教，凡属用神话写成的文艺作品应入文学或艺术有关各类。

例如：《女娲神话研究史略》入 B932.2 中国神话

《女娲的传说》入 I277.5 中国当代神话作品

必备知识

哲学类图书分类基本步骤：

主题分析⇒确定B大类⇒
- 哲学著作⇒依国别归类⇒依时代划分⇒依人归类；
- 哲学范畴的各专门学科⇒注意是否是在其他学科中的应用。

推荐阅读

- 李申主编. 哲学与宗教. 上海：上海人民出版社，2009
- [美]罗伯特·所罗门著. 大问题：简明哲学导论. 桂林：广西师范大学出版社，2014

任务三

掌握政治、法律和军事类图书的分类规则

学习目标

知识目标： 了解一下什么是社会科学、政治学、法学和军事学，了解《中图法》中C、D、E大类的基本体系结构。

能力目标： 能判断出哪些图书是属于社会科学总论类的图书，一些注意事项所对应的分类方法一定要掌握。

工作任务描述

书店近期采购了一批社会科学类的图书，下面是其中的10本。

《政治、法律、军事辞典》　　《澳门地区统计资料：2014年版》

《恋爱·婚姻·家庭》　　《办公室组织和管理》

《回归前的香港政治概况》　　《现代国际外交礼仪知识》

《中华人民共和国知识产权法》　　《世界各国国防制度》

《透视台湾的军事实力》　　《导弹设计原理》

问题思考

将上述图书进行分类，写出图书所对应的中图分类号和详细类目名。

工作任务分解与实施

一、社会科学、政治学、法学和军事学简介

社会科学是研究与阐述各种社会现象及其发展规律的科学。在《中图法》中，社会科学是第三个基本部类，包含有九个基本大类。首先是反映总体情况和普遍性的综合性学科的社会科学总论，然后是研究社会上层建筑的政治学、法学和军事学，接下来是研究社会生产活动的经济科学，后续的属于意识形态的文化、教育、文学、艺术学科，除此之外还有包括研究语言而形成的语言学，关于社会发展过程和规律的历史科学，最后是介于社会科学和自然科学的地理学科。

了解政治学

政治学是以研究政治行为、政治体制以及政治相关领域为主的科学。在西方，政

治学在学术领域里的研究也被称为“政治研究”或“政治”。政治学意味着在学术上的研究领域，政治研究则代表了更广泛的研究领域。政治在本质上是人们在一定经济基础上，围绕特定利益，借助于社会公共权力来规定和实现特定权利的一种社会关系，因此，政治学就是研究这种特定的社会关系即政治关系及其发展规律的科学。

法律，是一种具有普遍约束力的社会规范，它由国家有权机关制定或认可，由国家以强制力保证实施，规定权利与义务，主要规范的是人们的行为。今天，法律以各种方式影响着每个人的日常生活与整个社会。依照法律治理国家和管理社会的方式被称为法治。古希腊哲学家亚里士多德于公元前350年写道，“法治比任何一个人的统治来得更好”。法学是指研究法律、法律现象及其规律性的科学。研究对象包括法的产生、本质、特征、形式、发展、作用、制定和实施以及与其他社会现象的关系等一系列问题。

军事是与战争、军队、军人有关事务的总称。军事学与甚多范畴有关，主要与战争有关。此外，军事学本身包含了各种学问。军事是政治的一部分，战争是政治的一种延续，是一国或者集团用暴力手段达到自己目标和目的的方式，而目标和目的往往与利益有关。战争是军事的集中体现，但不是唯一的体现。在人类可以看到的未来，军事始终是政治生活中重要的方面，并在科学技术上对人类生活予以重大影响：人类很多科技成就往往先产生于军事领域然后普及非军事领域的。总之，军事是随着战争的发生、发展而逐渐形成和发展起来的，是有力保障顺利进行战争和赢得战争而进行的一系列特殊组织活动，直接影响到战争的胜负。

二、社会科学总论、政治、法律和军事类内容范围

在社会科学的各大类之前，设置了社会科学总论这个大类，这是根据文献的特点，按照从总到分，从一般到具体的编制原则编列的总论性类目，从而形成了社会科学的完整体系。社会科学总论包含两部分内容：一是总论社会科学的共性区分问题，按总论复分表所编列的类目序列；二是具有社会科学属性的并带有普遍性的综合性学科类目，包括统计学、社会学、人口学、管理学、民族学和人才学等，这些学科并入任何专门学科都有局限性，因此把它放在社会科学总论这个序列内。

政治类图书，在书店里习惯上统称政治读物。内容包括政治理论、政治思想史、共产主义运动、共产党、工人、农民、青年、妇女运动与组织、世界各国政治、民族学、民族解放运动和国际、外交等。政治读物类型，大体可以分为以下几种：党和国家文献、党和国家领导人著作以及各种学习文件和辅导读物；政治知识读物和思想教育读物；党史和党团建设读物；国际共产主义运动，各国政治、国际、外交读物。

法律学是社会科学的一个部门，与政治学关系密切。一般包括法律理论、法制史、法律思想史以及宪法、刑法、民法、诉讼法、国际法等各种具体法学部门。法律类图书，包括法学理论、各种具体法律、法学史、法律思想史、各国法律及其研究、国际法和法医学等。书店法律图书，一般可归纳为三种类型：各种法律、法规；以政法部门为对象的各种法学书籍；以广大群众为对象的法律知识读物。

军事学属于上层建筑。因为战争是为完成一定的政治目的而服务的，所以在现代图书分类法中，一般排在政治、法律科学的后面。军事科学，大体上分为理论科学和

技术科学两部分。理论科学包括军事思想和军事学术。军事思想主要是研究战争基本理论，如军事与政治的关系、军事与经济的关系、建军路线等；军事学术，主要包括战略学、战役学、战术学、军制学、战争动员学、军事地理学、军队教育训练学等。军事科学中的技术科学，主要是研究各种武器与装备的构造、原理、性能与使用等。在《中图法》里，关于各种武器的设计、制造方面的著作，归入自然科学有关类。

三、《中图法》C、D、E 大类体系结构

1.《中图法》C 大类体系结构

C0/[7]　社会科学各方面总论

C8/97　涉及各门学科、具有社会科学属性的普遍性学科

第一部分按理论、现状、方法、机构、读者对象和形式体裁分，概括为七个方面的类目，按总论复分表所编列的类目序列。

第二部分列出了“统计学”、“社会学”、“人口学”、“管理学”、“民族学”、“人才学”、“劳动科学”等类目。这些学科归入任何一门科学都有局限性，因而编列在“社会科学总论”类下。

2.《中图法》D 大类体系结构

D0　政治理论

D1/3　共产主义运动、共产党

D4　工、农、青、妇运动

D5/7　世界各国政治

D8　外交、国际关系

D9　法律

在上述各部分中，除政治理论书籍按学科、观点和派别列类外，其余都是先按国家进行划分，然后再依各学科内容细分。这是因为各个国家的政治制度不同，各国政治书中的观点也显然不同，按国家区分在这一类图书中比较突出。

在政治部分中，《中图法》将政治理论书籍单独列类，把有关各国政治制度、国家机构、阶级结构以及各种社会基本问题的书列为一个门类，和关于各国外交的书籍组成内容上互相衔接的内政、外交两个范围较为广泛的部门，而将其中关于共产党以及工、农、青、妇运动与组织的书籍分别设立专门的类目，这就形成了上述的分类体系，即：理论—党群组织—内政—外交的序列。

法律部分设置的类目不多，分为法学理论、各国法律和国际法三个内容。法律类在类目序列上有点特殊，其他各类一般是理论—世界—中国—各国，而法律类却是理论—中国—各国—国际。

3.《中图法》E 大类体系结构

E0　军事理论

E1/7　军事概况

E8　军事学术

E9　军事技术

E0 军事理论，包括军事历史、军事思想史；E1/7 军事概况，包括世界各国国防建设、军事制度、各军兵种及其训练、后勤等军事建设各方面的内容；E8 军事学术，包括战略、战役和战术学，这是研究带有全局性的战争指导规律和带局部性的战争指导规律的学科；E9 军事技术，包括军用武器、器材的使用、训练、保养维护以及军事工程、军事地理等各方面的内容。

四、分类注意事项

1. 政治著作与历史著作的划分

这两种类型的图书，内容互有牵连、重叠，一方面过去的历史著作大多是以政治为中心的；另一方面记载和论述重大政治事件的书籍必然要涉及经济、文化等其他社会生活方面。因此，很难绝对划清它们之间的界限。人们经常用“今天的政治就是明天的历史”来说明这种复杂关系。所以，也不能简单地以历史年代断限作为区分政治与历史的标准。

一般是以著作内容的重点和作者的意旨划分的。凡论述当代政治形势，阐明方针政策、战略策略、是非得失为主的书籍归入政治类，凡系统地记叙政治事件过程的书籍，则不论是历史的还是当代的，均归入历史类。

例如：

《20 世纪西欧共产党》入 D356 西欧共产党。

《五四运动在天津》入 K261.1“五四”运动(1919 年)的历史。

2. 军事部门的书籍与有关科学技术部门的书籍区分

军事与科学技术的发展是互相促进的，军事的发现需求能带动科技的不断更新进步，而科技的进步又会促进军事化的进程，使国家的军事更加强大。所以当今很多学科，譬如电子学、通信技术、地理学、机械、建筑科学等，都在军事学中有很多的应用，所以给我们分类提出了更高的要求。

一般我们认为其他学科在军事中的应用统计归入军事各类，另外还要注意区分武器、军用器材的制造与使用的书籍，关于武器和军用器材的使用、操作、保管和维护方面的著作，入军事大类，而关于武器和军用器材的设计和制造方面的著作，应入工业技术有关类。

例如：

《军事与地形》应入 E991 军事地形学。

《世界名枪大观》是着重展现各国有代表性的枪支的，应入 E992.1 枪械。

《射击运动竞赛规则》是介绍射击这个体育项目，应入 G871 设计运动。

《霰枪的弹道问题研究》是枪支的技术研究著作，应入 TJ2 枪械武器工业。

必备知识

社会科学部类各学科体系结构的显著特点是列类标准比较复杂。有：学科性质、作者的政治观点、国家、社会制度、时代、人物等。在学科性质中，又有理论、问题、现状、历史、学说派别等。对于这些列类标准，采用的先后次序不同，就会形成不同的分类体系。《中图法》社会科学各学科的理论都是集中序列在各大类之前，然后根据各学科具体情况，或者先按地区国家分，再按学科问题分；或者先按学科问题分，再按地区国家分。

推荐阅读

- 曹胜强主编. 人文社会科学基础. 北京：高等教育出版社，2014

任务四
掌握经济、教育文化体育类图书的分类规则

学习目标

知识目标：了解一下什么是经济、教育、文化和体育，了解《中图法》中F、G大类的基本体系结构。

能力目标：经济学的分支非常多，类目体系庞大，分类时一定要注意区分，逐类划分；要熟悉文化科学下属的分支学科，比如出版科学、图书馆学等。

工作任务描述

书店近期采购了一批经管和文体类的图书，下面是其中的十本。

《马克思主义政治经济学导读》　《工业企业统计分析原理》
《人力资源管理师培训教程》　《淘宝开店从入门到精通》
《股票投资入门与实战技巧》　《中国高校文化产业初探》
《出版物发行员职业资格培训教材》　《新中国的报纸事业史》
《初二英语同步辅导》　《国际奥委会的历史》

问题思考

将上述图书进行分类，写出图书所对应的中图分类号和详细类目名。

工作任务分解与实施

一、经济、文化、教育和体育简介

经济，指一定范围(国家、区域)内，组织一切生产、分配、流通和消费活动与关系的系统的总称。也可以说经济是指社会生产关系的总和。指人们在物质资料生产过程中结成的，与一定的社会生产力相适应的生产关系的总和或社会经济制度，是政治、法律、哲学、宗教、文学、艺术等上层建筑赖以建立起来的基础。而经济学是研究人类社会在各个发展阶段上的各种经济活动和各种相应的经济关系及其运行、发展的规律的科学。经济学研究人类行为及如何将有限或者稀缺资源进行合理配置。

了解经济学

文化，指人类活动的模式以及给予这些模式重要性的符号化结构。不同的人对“文化”有不同的定义，通常文化包括文字、语言、地域、音乐、文学、绘画、雕塑、戏剧、电影等。在考古学上“文化”则指同一历史时期的遗迹、遗物的综合体。同样的工具、用具、制造技术等是同一种文化的特征。有时文化也指文明。虽然早在原始社会时期，人类就已经形成了第一次分工，产生了农业民族和畜牧民族，但早期文化都是在农业民族中产生的，因为畜牧民族要逐水草而居，居无定所，不容易产生大规模的聚居，对文字没有迫切的需要；而农业民族容易形成大部落，兴修水利需要大量协同工作的人群，所以最早的大国家和奴隶制都产生于农业民族。有了大国家和奴隶制才能产生大批聚集的有闲阶级，他们发明了文字，促使形成脑力劳动和体力劳动的人类第二次分工。从而产生狭义的文化(广义的文化指所有人类的活动，都可以叫作文化)。

了解文化

教育是培养人的一种社会现象，是传递生产经验和社会生活经验的必要手段。通常有广义和狭义两种概念。广义的教育泛指一切传播和学习人类文明成果——各种知识、技能和社会生活经验，以促进个体社会化和社会个性化的社会实践活动，产生于人类社会初始阶段；狭义的教育专指学校教育，即制度化教育。“教育”一词，在中国最早见于《孟子·尽心上》中的“得天下英才而教育之，三乐也”。按《说文解字》的解释：“教，上所施，下所效也。”“育，养子使作善也。”教育随着人类社会的产生而产生，随着人类社会的发展而发展。教育同社会发展有着本质的联系，并受教育对象身心发展规律的制约。它以越来越复杂的形式适应着社会发展的需要，为一定社会的政治和经济服务。现代生产和现代科学技术的发展，对教育提出了更高的要求。

体育的概念有广义和狭义之分。广义概念(亦称体育运动)，是人们遵循人体的生长发育规律和身体的活动规律，通过身体锻炼、技术、训练、竞技比赛等方式达到增强体质，提高运动技术水平，丰富文化生活为目的的社会活动。狭义概念(亦称体育教育)，向受教育者传授健身的知识、技能，增强体质，培养自觉锻炼身体习惯的活动，是全面发展教育的重要组成部分。体育是随着人类社会的发展而发展起来的。体育起源于人类的劳动和社会生活的需要。原始人类在劳动和生存斗争中，发展了走、跑、跳、投、游泳、攀越等能力，也改变了人本身的自然状况。随着社会生产和文化教育的发展，体育才从劳动和社会生活中分化出来，成为独立的形态。

二、经济科学和文化类图书的内容范围

经济科学是研究社会生产活动的规律的学问，是社会科学中基本的科学部门。由于研究的角度或方法的不同，经济类图书大体包括三个方面的内容。(1)经济理论，包括政治经济学、经济思想史、部门经济理论等。(2)经济概况，包括各国经济概况、经济史、经济地理、部门经济概况等。(3)经济管理，包括经济管理的基本理论与方法，各部门经济中的计划管理、会计与统计等。

《中图法》中文化类的概念是一个狭义的范畴，并没有完全包括所有关于社会意识形态的图书。它只容纳新闻、广播、出版、图书、博物、档案、科学研究、教育、体育等各种文化工作，即一般性质的文教事业。

文化类图书由四个方面组成：

(1)文化

包括总论文化、科学、教育、体育的著作和各项具体文化事业，如新闻、广播、出版发行、群众文化、图书、文博、档案等。

(2)科学

只收有关整个科学研究的一般规律和状况的著作。内容包括科学研究的理论方法、组织管理、事业概况以及情报学等。

(3)教育

主要指教育理论和各级各类教育两方面书籍。教育理论包括教育学、教学理论、教育工艺学、教育心理学、学校管理、教育总论、教育各论以及教育哲学、教育社会学、教育经济学、儿童心理学等教育学分支学科的著作。各级各类教育包括初等教育、高等教育、师范教育、学前教育、业余教育、职业技术教育等方面的图书。

教育类图书是书店发行量最大的一个类别，占有举足轻重的地位。其类型有：①各类教材；②以教师为对象的各种教育读物，包括教育管理读物、教育理论读物、教学方法介绍、教学参考读物等；③以学生为对象的教学参考读物；④幼儿教育读物；⑤业余教育参考读物。

(4)体育

除体育基础科学和总论体育事业的著作外，绝大部分是关于各项体育运动和运动技巧的图书。体育基础科学包括运动生理学、运动心理学，运动力学、运动卫生、运动医学等；体育事业包括体育运动的组织管理、运动比赛、体育制度、体育训练等；体育运动和体育技术包括田径运动、球类运动、体操运动、水上、冰上、雪上运动、军事体育运动以及武术、棋类等各种文体活动。

三、《中图法》F、G大类体系结构

1.《中图法》F 大类体系结构

F0　经济理论；

F1　经济概况；

F2　经济管理；

F3/8　部门经济。

上述体系是按照从整个社会经济到各个部门经济，逐步具体化的方式编列类目的。首先是以整个社会经济领域为对象的政治经济学理论，包括经济思想史；接着是世界各国经济概况，包括经济史和经济地理，按国家、地区编列；然后是关于经济管理的基本理论与方法的书籍。在这一部分中，包括会计、审计、人力资源、物流、企业经济、房地产等学科，均依讨论的问题编列；以后是部门经济的书籍，包括农业、工业、交通运输、邮电、贸易和财政金融等。每个部门中仍按理论、概况和计划与管理三个方面首先组织该部门的概述性书籍，而后再按国编列类目。因此，经济理论、经济概况和经济管理这三部分书籍是经济大类类目编列的基本线索。

2.《中图法》G 大类体系结构

G0　文化理论；

G1　世界各国文化事业概况；

G2　信息与知识传播；

G3　科学、科学研究；

G4　教育；

G8　体育。

在这个类组中，首先列出的是概括本类各个部门的总论性类目，即文化理论和文化事业概况。这里的“文化”是一个包括科学、教育、体育的各方面的社会文化概念。因此，这二个概括性类目只包括关于文化的基本理论和涉及文化、科学、教育、体育诸方面事业状况的书籍。以下则是按文化、科学、教育、体育四个部门依次列类并按各自的特点作进一步区分的。这四个部门之间性质相近而又各自独立，包括着它们的理论方法、组织结构、基本概况以及所属的许多小学科，如新闻学、图书馆学、情报学、博物馆学、档案学、科学学、知识学、未来学和教育学等。

四、分类注意事项

1. 经济图书与技术性图书的交叉

这两类图书关系比较密切，有时很难分辨清楚，分类时一定要区别对待。凡是从经济的角度研究生产过程中人与人之间的关系、劳动组织、生产管理或技术经济效果等方面的书，属于社会科学的范畴，均入经济类。凡是从生产技术的角度论述工农业生产的技术操作、生产方式、工艺设备、生产原料与产品等方面的书，属于自然科学范畴，均应分别归入农业科学和工业技术有关类。

例如：

《印刷企业管理》入 F407.84 印刷工业经济理论。

《印刷技术概论》入 TS8 印刷工程。

2. 科学、科学研究文献的分类

“G3 科学、科学研究”收总论科学和科学研究、组织管理、科研事业概论等方面的文献。凡属总论社会科学及其研究或总论自然科学及其研究的文献分别入 C、N 有关类目。凡具体论述某一门科学及其研究的文献分别入有关各类。

例如：

《科学研究艺术》入 G301 科学研究的方法论。

《自然科学的哲学》入 No.2 自然科学的哲学原理。

《未来经济学》入 F201 经济预测。

必备知识

经济和科教文体这两个大类里面含有非常多的分支学科，这些常见学科光看名称看似和大类关联度不大，现进行一下简单的总结：

F大类包含有：政治经济学、会计、人力资源、物流、企业管理、房地产经济、旅游业、国际贸易、电子商务、市场营销、金融、银行、保险、证券市场等。

G大类包含有：新闻学、广播电视事业、出版事业、图书馆学(情报学)、博物馆学、档案学、科学和科研理论、教育学、体育等。

推荐阅读

- [英]亚当·斯密著. 国富论：权威全译本. 北京：商务印书馆，2014
- [美]N. 格里高利·曼昆著. 经济学原理. 北京：北京大学出版社，2015
- 王力主编. 中国古代文化常识. 北京：中国人民大学出版社，2012

任务五

掌握语言文字、历史类图书的分类规则

学习目标

知识目标： 了解一下什么是语言文字、历史、地理，了解《中图法》中 H、K 大类的基本体系结构。

能力目标： 语言文字类图书是书店里面非常畅销的一类书，必须熟练掌握其分类方法。人物传记类属于历史大类，也要掌握这类图书的分类规则。

工作任务描述

书店近期采购了一批社会科学类图书，下面是其中的 10 本。

《口才技巧实用全书》
《中国语言的分布》
《大学法语四级词汇精解与自测》
《青海历史纪要》
《初二英语同步辅导》
《说文解字》(东汉许慎著)
《简爱》(中英对照版)
《中国上下 5000 年》
《慈禧太后传》
《畅游美国，看这本就够了》

问题思考

将上述图书进行分类，写出图书所对应的中图分类号和详细类目名。

工作任务分解与实施

一、语言、文字、历史和地理的简介

语言是人类特有的一种符号系统。就广义而言，是一套共同采用的沟通符号、表达方式与处理规则。符号会以视觉、声音或者触觉方式来传递。严格来说，语言是指人类沟通所使用的语言——自然语言。无论是什么定义，人类始终是语言的中心。语言是人类用来交流的一种工具。语言是非常复杂的，它受到人脑的支配，与思维密不可分。直到目前为止，科学技术还不能完全模拟人脑的语言功能，机器翻译更难以实现。语言学就是从人类研究语言分类与规则而发展出来的。

文字是人类用来记录语言的符号系统，是人与人之间交流信息的约定俗成的视觉

信号系统。一般认为，文字是文明社会产生的标志。文字在发展早期都是图画形式的表意文字(象形文字)，发展到后期都成为记录语音的表音文字。文字起源于图画。原始图画向两方面发展，一方面成为图画艺术，另一方面成为文字。原始人用图形来表达意思，通常称为“图形文字”。这种图形虽然能交流信息，但是跟语言并无联系。表示意义的图画要发展到跟语言相结合，能够完整地书写语言，这才成为语言的有效记录，即成熟的文字。

了解史学

历史，或简称“史”，指对人类社会过去的事件和行动，以及对这些事件行为有系统地记录、诠释和研究。历史可提供今人理解过去，作为未来行事的参考依据，它与伦理学、哲学和艺术同属人类精神文明的重要成果。历史的第二个含义，即对过去事件的记录和研究，又称为“历史学”，或简称“史学”。隶属于历史学或与其密切相关的学科有年代学、编纂学、家谱学、古文字学、计量历史学、考古学、社会学和新闻学等。记录和研究历史的人称为历史学家，简称“史学家”，中国古代称为史官。记录历史的书籍称为史书，如《史记》、《汉书》等。

地理是全世界或一个地区的山川、气候、生物、土壤等地球表面自然环境及工农业、交通、居民点等社会经济因素的总的情况。“地理”一词最早见于中国《易经》。古代的地理学主要探索关于地球形状、大小有关的测量方法，或对已知的地区和国家进行描述。而地理学是研究地球表面的地理环境中各种自然现象和人文现象，以及它们之间相互关系的学科。地理学研究的范围很广，几乎涉及一切社会和自然现象。按照研究的科学角度和方法不同，它包括区域地理、部门地理、地图及地图学。部门地理又分为人文地理、历史地理、经济地理和自然地理等。

了解地理学

二、语言文字、历史地理类图书的内容范围

语言文字在各类的关系中，语言文字与作为语言艺术的文学的关系最为密切，所以在现代图书分类法中，它构成社会科学部类中的一个大类，被列在文学之前。语言文字类图书包括语言学、语音学、词汇学、语法学、修辞学、文字学、音韵学、训诂学以及中国语言和世界语言等书籍。语言文字虽属社会科学范畴中独立的知识门类，但由于这类图书的读者对象与文化教育类图书大体相同，书店习惯上把它归入文化教育类。语言文字图书类型一般可分为以下四种：学术性、研究性、资料性著作；各种汉语语法、修辞读物；各种语言词典；各种外语读物。

《中图法》历史类所收的内容，主要是世界各国的社会发展史。包括各个国家的通史、各代史、地方史和民族史。各专门学科史因与各学科的关系更为密切，均入有关学科。历史类图书包括史学理论、社会发展理论、史学专论、年代学、史料学、史学史、世界史、中国史、各国史、传记、考古学、民俗学等。历史书籍品类繁多，按写作体载分，有编年体、纪传体、典志体、记事本末体；按研究对象分，有国别史、民族史、地方史；按写作体例分，有通史、断代史、史料、研究、考订、评论等；按史料性质分，有全史、专史、杂史、史抄、史评、年表等。在书店里，历史书籍通常可分为五大类型：即学术性专著、教科书和教学参考书、历史文献和历史资料、人物传

记、历史知识读物。由于历史书的性质和类型不同，读者对象也有所不同，分类时应注意各种类型之间的差别。

《中图法》采取的是集中与分散相结合的办法，将地理学放在社会科学之下，与历史共同组成“K 历史、地理”大类，而将专门学科的地理，如经济地理、自然地理等，分别按其性质，归入各有关学科。地理类图书的类型大体可分为三种：各种地理著作，包括综合性地理著作、专门性地理著作和普及性地理知识读物；各种地图，如中国地图、世界地图、交通地图、历史地图和地理教学挂图等；各种旅游读物，如介绍国内外风光的旅游读物，各种游记等。

三、《中图法》H、G 大类体系结构

1.《中图法》H 大类体系结构

H0 语言学；

H1 汉语；

H2 中国少数民族语言；

H3 常用外国语；

H4/8 其他语言。

在社会科学部类里，各大类一般是以地区或国家作为区分标准的，唯有语言文字与众不同。这是因为语言不是以地区或国家为基础的。语言是民族的语言，是各民族在长期生活中各自产生、形成和发展起来的。每个民族差不多总有它自己的独特语言，因此，常常有些语言是几个国家共同使用的，而某些国家又同时使用着几种不同的语言。所以，各种语言、文字的书籍以地区或国家区分是不够合理的，应按语种或语系作为分类标准比较好。

按语系划分，就是根据语言的共同来源的特征，由各种语言之间的远近亲疏构成的系统列类。即根据语言发生学分类法(又叫谱系分类法)，把世界上的各种语言分为若干语系，语系之下又分若干语支，语支之下再分语种。《中图法》结合读者对象，使用人数和图书多少，先按语种列出我国语种和常用外国语，然后再按语系、语支分列其他语言，这样就比较充分地体现了分类法的科学性和实用性。

2.《中图法》K 大类体系结构

K0 史学理论；

K1/7 世界各国历史；

K81/89 传记、考古学、风俗习惯等历史辅助科学；

K9 地理。

本类是历史与地理的类组。由于历史和地理都是以一定的地区、国家的全面情况作为研究对象，历史书是从纵的方面来全面阐述的，而地理书则是从横的方面来全面阐述的，它们在内容上相互补充，有着千丝万缕的联系。因此，分类法常常将这两门学科集中编列为一个基本大类。

世界各国历史是本类的主要组成部分。首先按国家或地区分，其次按类型分(通史、各代史、民族史、地方史)，再按时代分，最后按历史事件分。区分时代，一般分

成三种情况编列：一是中国各代史按社会形态(原始社会、奴隶社会、封建社会、半殖民地半封建社会、新民主主义革命时期、社会主义革命和社会主义建设时期)分类，并在各种历史阶段下注明时代的划分；二是世界史按国际时代划分(上古、古代、中世纪、近代、现代)；三是各国历史时代区分有所不同，对历史悠久的国家，大多根据该国的具体情况编列了历史分期的类目，其他国家则与世界史划分相同。

传记是记载特定人物的生平事迹的图书，也是研究个人历史的著作。因此，它应该作为社会历史的一个基本构成成分，而将其集中处理，归为历史科学的一个类。《中图法》的传记图书，除马列主义经典作家入“A 马列”大类，哲学家思想评传和宗教人物传入“B 哲学”大类的有关类目外，其他人物的传记都集中在历史大类的“K81 传记”类里。该类首先依被传人所在的国籍分，然后再依被传人所从事的事业性质和研究学科分。如果需要将各科人物的传记分散处理，也可将其直接分入各学科的科学史。

考古学是关于古物的考证和研究，是根据古代遗迹、遗物研究人类社会历史的科学。考古学通过研究古今实物史料，为历史研究提供资料和依据，帮助解决历史上悬而未决的问题。因此，考古学与传记、民俗学等一样，都与我们研究历史有密切的关系，但它本身在科学上又具有相对的独立性，可作为历史的辅助科学，列入历史类中的一个专类。《中图法》的考古学类目，是根据其研究对象的国别、时代和所属的专门问题划分的。

K9 地理类包括地理学、世界各国地理和政治、历史地图三个部分。K90 地理学收总论自然、经济、居民、国家制度、文化生活等方面普通地理学著作，专门地理学入有关各类。K91/97 世界各国地理，包括区域地理和专类地理。K99 政治、历史地图，只收政治、历史地图，关于自然地理图、区域地理图以及地图学归入地球科学有关类。

四、分类注意事项

1. 语言文字书籍与文学书籍的区分

由于文学是用语言塑造形象以反映社会生活，表达思想感情的艺术，文学著作是语言运用的最高方式，所以文学书籍往往反过来成为语言学习的范本，简单地说文学就是语言的艺术。因此，语言文字书籍与文学书籍有时容易混淆，分类时必须结合编者目的和读者用途来考虑。一般来说，凡专为学习语言的目的编制的，或者侧重从语言角度论述语文写作技巧的读物，如关于修辞、作文、韵律等学习语文写作方法的书籍，应入语言文字类，而关于各种文学体裁写作方法的书籍，则应归入文学有关类目。

例如：

《修辞学通论》入 H05 写作学与修辞学。

《文学写作技巧》入 I04 文学创作论。

2. 历史书籍与专门学科史书籍的区分

历史书籍是指全面记载和研究人类社会发展进程及其规律的著作。专门学科历史书籍则是指研究人类社会或自然界的一个方面、一个领域的发展过程及其规律的著作。因此，专门学科史与各科学的关系更为密切，应按其学科性质分入有关科学。只有文化史例外。这是因为文化史虽然属于文化专史，但由于文化史所指的大多是广义的文化概念，它包括着人类在社会历史实践中所创造的物质财富和精神财富的各个方面，和历史的范围相近，特别是与社会发展史紧密相连，因此列入历史类，而不入文化类。

例如：

《世界文学史》入 I109 世界文学史、文学思想史。

《世界文化史》入 K103 世界文化史。

3. 区域地理与地方史志著作的区分

区域地理与地方史志类型的书籍比较接近。区域地理是从地理角度收入综合论述各区域的自然、经济、社会生活等地理概况的著作。地方史志，是我国特有的重要历史文化遗产。它包括的内容范围较地理著作更为广泛、多样。它不仅包括一地区的自然地理、经济地理、社会人口、政治、文化、历史，甚至还包括人物传记、文艺作品等多种内容，被古代的史学家誉为“博物之书”和“一方之全书”，是中国特有的一种历史书籍，应入中国史之下的地方史志类。

例如：

《桐城县志》入 K295.4 安徽地方史志。

《安庆地理志》入 K925.4 安徽地理。

必备知识

英语类是书店中最畅销的图书种类之一，所以一定掌握英语类图书分类方法，其他常用外语的分类方法，可仿照英语类进行划分。

人物传记类图书一般也有很强的故事性，但是图书内容都是真实的人物生平，能反映特定的历史时期人物的真实经历，所以分类时不能分到文学类，而是入到“K81 传记”里面。

拓展训练

国外人物传记图书的分类是学习的一个难点，它既需要用到复分(依世界地区表划分)，还需要进行仿分(仿 K82 分)，但是人物传记类的图书在书店也是非常受欢迎的类别，所以还是需要掌握其分类方法。试着对下面三本图书进行分类，写出中图分类号和详细类目名。

《当代世界名人传》《戴安娜传》《迈克尔·乔丹传》

推荐阅读

•［美］史迪芬·平克著．语言本能：人类语言进化的奥秘．杭州：浙江人民出版社，2015

•［英］赫伯特·乔治·韦尔斯著．世界史纲：生物和人类的简明史．南京：译林出版社，2015

任务六
掌握文学类图书的分类规则

学习目标

知识目标： 了解一下什么是文学，熟悉现在常见的文学体裁，掌握《中图法》中I大类的基本体系结构。

能力目标： 文学类图书是书店最受读者欢迎的一类图书，必须熟练掌握其分类方法。外国文学作品分类比较复杂，也要掌握其分类方法。

工作任务描述

书店近期采购了一批文学类图书，下面是其中的10本。

《新编文艺心理学》　　《中国文学大词典》

《世界优秀美文精选》　　《唐诗三百首》

《北京人在纽约》(曹桂林著)　　《鹿鼎记》(金庸著)

《令人捧腹的笑话集锦》　　《雨果和他的〈悲惨世界〉》

《巴黎圣母院》([法]雨果著)　　《水浒：儿童读本》(湖海改编)

问题思考

将上述图书进行分类，写出图书所对应的中图分类号和详细类目名。

工作任务分解与实施

一、文学简介及其常见体裁

了解文学

文学是语言文字的艺术，是某一文化区域的人在其生活样式和社会条件下，利用自身的语言和文化传统对自己的内心世界和外在世界的独特感悟和表述。文学是文化的重要表现形式，以不同的形式(称作文学体裁)表现内心和再现一定时期、一定地域的社会生活。

文学起源于人类的生产劳动。最早出现的是口头文学，一般是与音乐联结为可以演唱的抒情诗歌。最早形成书面文学的有中国的《诗经》、印度的《罗摩衍那》和古希腊的《伊利昂纪》等。欧洲传统文学理论分类法将文学分为诗歌、散文、戏剧三大类。

中国先秦时期将以文字写成的作品都统称为文学，魏晋以后才逐渐将文学作品单独列出。现代通常将文学分为诗歌、散文、小说、戏剧四大类别。

1. 诗歌

诗歌是一种文学体裁，它按照一定的音节、声调和韵律的要求，用凝练的语言、充沛的情感以及丰富的想象来高度集中地表现社会生活和人的精神世界。在中国古代，不合乐的称为诗，合乐的称为歌，现统称为诗歌。

诗歌是最古老也是最具有文学特质的文学样式。来源于上古人类的原始宗教、神话及口传文学、劳动号子和民歌。诗歌是诗与歌的总称；开始诗和歌不分，诗和音乐、舞蹈结合在一起，统称为诗歌。中国诗歌有悠久的历史和丰富的遗产，如《诗经》、《楚辞》和《汉乐府》以及无数诗人的作品；西欧的诗歌，由古希腊的荷马、萨福、平达和古罗马的卡图鲁斯、维尔吉、贺拉斯等诗人开启创作之源。

诗歌高度集中地概括、反映社会生活，饱含着作者丰富的思想和感情，富于想象，语言凝练而形象性强，具有节奏韵律，一般分行排列。古典诗歌形式采用逐句分行和押韵，现代诗歌的形式和内容已经极大丰富，伸缩性极强。

2. 散文

散文，是最自由的文体，不讲究音韵，不讲究排比，没有任何的束缚及限制，也是中国最早出现的行文体例。通常一篇散文具有一个或多个中心思想，以抒情、记叙、论理等方式表达。

散文在不同的历史时期，有不同的含义。目前可知中国最早的散文集，是《尚书》，专记言辞；而最早的一篇散文，应属《尚书·商书》中的《盘庚》。在先秦时期，为区别于韵文、骈文，曾将不需押韵，不讲对仗的散体文章(如史传、论说、颂赞、书记等)统称为散文。随着文学的演变发展，在唐宋时期，又被用来泛指包括小说、游记、传记文学等所有不用韵的文学体裁。五四运动以来，中国的现代散文吸收了西方的思潮，被鲁迅等作家推广之后，成为与诗歌、小说、戏剧并列的文学主流。散文易读、易写的特性，使这种文体被运用得极广。学生的作文，也几乎都是用散文的形式表达，可说是人人懂写。

散文的最大特点是具有灵活多样的艺术表现力。它可以像诗歌那样直接抒发作者的强烈感情，又不必讲求韵律；能像小说那样叙述事件，塑造形象，多方面刻画人物性格，又无需结构完整的故事情节；可以像戏剧那样表现矛盾冲突，又不要求时间、空间的高度集中；还可以像论说文一样说理议论，但不一定运用抽象概念进行推理和论证。散文按其表现手法，可以分为抒情、叙事、议论三种类别。

3. 小说

小说是一种拥有最广大读者的语言艺术，是以刻画人物形象为中心，通过完整的故事情节和环境描写来反映社会生活的文学体裁，它是拥有完整布局、发展及主题的文学作品。与其他文学样式相比，小说的容量较大，它不受时间、空间和真人真事的限制，可以借助于虚构和想象，兼用人物的语言和叙述人的语言，运用叙述和描写等各种表现手法，多方面地、深入细致地刻画各种各样的人物性格，表现错综复杂的矛盾冲突，充分展示社会生活。

“小说”一词，最早见于《庄子·外物》：“饰小说以干县令，其于大达亦远矣。”这里所说的小说，是指琐碎的言谈、小的道理，与现时所说的小说相差甚远。春秋战国时代，小说指街头巷尾的民间杂谈，并无现在小说的意义，然而在当时，这些神话传说已可视为现代意义的小说了。到了魏晋南北朝，中国开始出现笔记小说，已具小说之雏形。在隋唐两代，中国开始出现一类叫“传奇”的文体，已算是具完整情节、深刻主题及叙事技巧的文言短篇小说。中国白话小说之代表为章回小说，在元代开始有具体的形式，到了明清成为小说主流，中国四大名著都是在这个时期诞生的。民国以后，小说创作逐渐向白话文靠拢，鲁迅《狂人日记》为中国近代第一部白话小说。

小说根据作品篇幅长短、容量大小、情节繁简、人物多寡，可分为长篇小说、中篇小说、短篇小说和微型小说等。

4. 戏剧

戏剧，一般指文学作品的一种体裁，又是一种舞台表演艺术的总称。文学上的戏剧概念是指为戏剧表演所创作的脚本，即剧本。剧本是一出戏剧的基本要素，是一台戏的先决条件。剧本最重要的是能够被舞台上搬演。戏剧文本不算是艺术的完成，直到舞台演出之后才是最终艺术的呈现。戏剧的文学本，在不演出的状态下，可以作为单独的文学样式欣赏。

戏剧的基本要素是戏剧冲突，要求人物、事件、时间、场景高度集中，在有限的舞台空间和演出时间内，展开尖锐激烈的矛盾斗争，突出地刻画人物性格，推进戏剧情节的发展，以再现现实的生活，反映具有社会意义的主题，激起人们强烈的情感反映，达到社会教育的目的。根据不同的分类标准，戏剧可以被分成不同的种类：按容量大小，戏剧文学可分为多幕剧、独幕剧和小品；按表现形式，可分为话剧、歌剧、舞剧、戏曲、默剧等；按题材，可分为神话剧、历史剧、传奇剧、市民剧、社会剧、家庭剧等；按戏剧冲突的性质及效果，可分为悲剧、喜剧和正剧。

二、文学类图书的内容范围

文学类大致包括两种类型的书籍：文学作品和以文学作品为研究对象的文艺理论，即文艺学。文学书籍的分类主要就是依据这两种类型书籍各自的特点进行的。

1. 文艺学

文艺学包括文学理论、文学评论和研究与文学史三部分。文学理论是研究文学反映现实规律的科学。它研究文学与政治的关系、文学的社会作用、文学的特征、文学的创作方法、文学遗产的批判与继承以及文学的种类等问题。论述文学理论的图书从性质上讲是属于科学图书的范畴，在分类法中应按内容列类。

文学评论和研究是对文学现象、文学作品进行分析、评论、研究的学科。文学评论和研究的主要对象是文学作品。它的主要内容就是要运用文学评论的理论方法对具体作品进行研究、分析和评价，从而检验文学作品是否完成了反映现实和教育读者的作用。

文学史是研究某个国家或民族的文学发生、发展的过程，并对各个时代的重要作家和作品作出评价，从而总结文学为经济基础服务的规律和文学发展规律的科学。

由此可见，文学评论和研究、文学史都与文学作品关系密切，都带有地域和国家的特点。文学史总是研究某个国家的或某个民族的历史上的文学现象。在不同的国家里，对文学的评论和研究也都有不同的标准。因此，在分类法中将文学评论和研究、文学史归纳到各国文学里去处理。

2. 文学作品

文学作品必定是从一定国家、一定地区的生活素材中选取题材的。人物形象必定也是对生活在一定国家、一定地区的具体人物的描写，故事情节同样也是由某一国家、某一地区特定的人、物、事所构成的。如中国的诗歌只能是中国所特有的，它和其他国家的诗歌风格就完全不同。所以，文学作品受地域的制约性很大。不论哪个作家，他所写的任何一部作品都要受到他所在国家或地区历史条件的制约，无一例外。因此，文学作品的分类应该首先按作者的国别区分。

对于各个国家的文学作品的进一步分类是按文学体裁分。这是因为文学作品的体裁是文学和非文学作品区分的一个主要特征，也是文学作品之间相互区分的一个主要特征。一篇小说和一篇散文、一首诗歌都是不相同的。小说必须有鲜明的艺术形象，完整的故事情节，并对人物活动的背景给予生动的描写。将一个民族的小说集中分在一起，对于研究这个特定民族有关小说的读者是方便的。一般说，读者也习惯于从文学作品体裁这个角度选购文学作品。

文学作品在体裁下有必要时，再按作者所处的时代分。因为文学作品毕竟有时代的范畴。一定时代的文学作品，不论是内容或形式，都是在那个时代的经济基础上发展起来的，并为那个时代的经济基础所决定的。文学作品有着时代的特征，不同历史阶段的作品其内容和写作特色将会有很大的差别。

此外，文学作品的列类还有编制上的体裁问题。图书分类法除了列有各体文学作品外，还要设置有关“作品综合集”和“各时代作品集”的类目。前者以供类分各时代的各体作品综合集；后者以供类分某一时代的各体作品综合集。在“各时代作品集”类目下，一般还设有“总集”“别集”两个供细分的子目。总集是指一本书将两个或两个以上作家的作品汇编在一起的出版单元；别集是指一个作家的全集或选集。至于只有一种文体的作品集，如诗选、散文选或短篇小说集等，都应按不同体裁分别归到有关各类。

三、《中图法》I 大类体系结构

I0　文学理论；

I1　世界文学；

I2　中国文学；

I3/7　各国文学。

《中图法》文学类分为文学理论和世界各国文学两大部分。“I0 文学理论”包括文艺一般理论、文学创作方法和文学综合研究的著作。世界各国文学是按照先世界、后中国、再各国的序列编列的。在“I1/7 世界各国文学”之下，首先编列文学评论和文学史，然后序列文学作品。文学评论、文学史和文学理论都属于文艺学的范畴。由于文学评论和文学史与文学作品的关系密切，所以都归入各国文学类。

文学作品的进一步分类，主要是按文学体裁划分的。首先编列作品综合集和各时代作品集。这是按文学作品编制体裁划分的。接着按文学体裁划分，序列为：诗歌、戏剧、小说、报告文学、散文、民间文学、儿童文学以及少数民族文学。列出民间文学，用以容纳民歌、传说、寓言、神话等口头文学作品；列出儿童文学，以便集中为儿童写作的和儿童自己写作的作品；列出少数民族文学，用以集中少数民族文学作品。"I21 中国文学作品集"类下，首先列出"I210 鲁迅著作"专类(包括对鲁迅著作的研究和评论的书)。这是《中图法》中依人列类性质的类目之一。

四、分类注意事项

1. 文学书籍的国别、时代的区分

文学作品主要是反映作者的认识和感情的，就不能按作品内容所反映的国别、时代为区分标准，应以作者所属的国别和所处的时代分。但民歌、神话、民间故事等民间文学，应以产生它的国别、时代为标准，而不能按收集者的国别和收集的时间进行分类。

例如：

《灯火阑珊处》(亦舒著)，亦舒原籍中国，后加入加拿大籍，所以入 I711.45 加拿大现代小说。

《大秦帝国》(孙皓晖著)作者为当代作家，所以入 I247.53 中国当代长篇历史小说。

《一千零一夜》(秦改进等译)入 I371.73 阿拉伯地区故事、传说、神话。

2. 文学与艺术的交叉

文学与艺术的交叉，属于艺术部门之间，即语言艺术与其他艺术形式之间的交叉，关系比较特殊。有不少文学作品本身就是作为艺术的文学形式存在的；同样也有不少艺术作品本身就是文学和其他艺术形式结合而成的。例如歌词与歌曲、剧本与戏剧艺术、电影文学剧本与电影导演台本等就是如此。这类书籍的分类，主要应注意划清两者区分的界限。一般说来，文学性质的作品，如歌词、剧本、电影文学剧本等，应入文学类，而已成为其他艺术部门的作品，如歌曲、戏剧的舞台台本和电影分镜头脚本等，则应归入艺术类。

例如：

《鬼吹灯之精绝古城》(天下霸唱著)I247.59 中国当代其他题材长篇小说。

《九层妖塔：剧本》(陆川、天下霸唱编剧)入 I235.1 中国电影剧本。

3. 外国文学图书的区分

"I1 世界文学"专指那些包含有两个或两个以上国家文学理论或作品的图书。而单一国家的文学类图书统一分入"I3/7 各国文学"中，这种规律也适用于其他社会科学类别。在划分各国文学的时候一定要严格按照步骤进行：先通过世界地区表进行复分，然后区分文学理论和文学作品，最后文学作品要归入相应的体裁，部分体裁还需要分出时代。

例如：

《欧美短篇小说选》入 I14 世界小说集。

《老人与海》([美]海明威著)入 I712.45 美国现代小说。

《魔戒之双塔奇兵》([英]J. R. R. 托尔金著)入 I561.45 英国现代小说。

必备知识

《中图法》文学类分为二大部分。即文学理论和世界各国文学。包括二种类型的书籍，即文艺学和文学作品。文学作品的类目编列顺序为：先国别、次体裁、再时代、后体裁种类。

推荐阅读

- [美]乔纳森·卡勒著. 文学理论入门. 南京：译林出版社，2013
- [挪]乔斯坦·贾德著. 苏菲的世界. 北京：作家出版社，2007

任务七
掌握艺术类图书的分类规则

学习目标

知识目标： 了解一下什么是艺术，熟悉几种常见的艺术形式，掌握《中图法》中J大类的基本体系结构。

能力目标： 艺术类下属的分支非常的多，一定要熟练掌握并牢记。一些注意事项所对应的分类方法一定要掌握。

工作任务描述

书店近期采购了一批艺术类图书，我们选取了其中的10本。

《立体构图原理》
《英国抽象派油画选》
《徐悲鸿作品集》
《苏东坡草书手稿》
《西藏地区摄影作品选》
《吉他弹奏法》
《商品包装艺术设计》
《风筝制作工艺》
《新中国建筑艺术图集》
《人一生一定要看的100部电影》

问题思考

将上述图书进行分类，写出图书所对应的中图分类号和详细类目名。

工作任务分解与实施

一、艺术学科简介及其分支学科

艺术是通过塑造形象，具体地反映社会生活，表现作者思想感情的一种社会意识形态。艺术起源于人类的社会劳动实践，是一定社会生活在人们头脑中反映的产物。它的作用在于从实际生活出发，塑造典型形象，反映一定的生活本质，具有认识社会生活和多方面满足人民审美的需要。艺术是语言重要的补充方法，就像讲话中我们会用大声代表生气，用笑声代表开心，用手舞足蹈代表焦急或者其他的心情来传递给对方。所以，每件艺术品都应该有它独特的诉求，这种诉求就是艺术的生命力。

艺术体现和物化着人的一定审美观念、审美趣味与审美理想。无论艺术的审美创造抑或审美接受，都需要通过主体一定的感官去感受和传达并引发相应的审美经验。

对艺术的审美分类，主要应根据主体的审美感受、知觉方式来进行。依据这个原则，艺术可以分为造型艺术、表演艺术、综合艺术和语言艺术四大类。

1. 造型艺术

所谓视觉艺术即美术，是指通过人的视觉感官(眼睛)及与之相适应的审美手段去传达和接受审美经验的艺术。在人的各种感觉器官中，视觉最为复杂、精细和灵敏，同时也是人获取信息的主要来源，外在世界的丰富性和多样性，常常通过视觉活动而被人感知。因而，视觉艺术的种类和样式也最为丰富，甚至其他艺术也往往需要以视觉感受为基础来构造艺术形象。人类从远古时代就开始了视觉造型的探索，留下了最早的绘画和雕塑。随着人类文明的进步，以视觉为审美途径的艺术种类和手段也日渐增多，绘画、雕塑、建筑、工艺美术、书法、摄影等是最为典型的视觉艺术种类。

(1)绘画和雕塑

绘画和雕塑都主要运用形、色、质以及点、线、面、体等造型手段构成一定的艺术形象。前者是在二维平面上表现，后者则在三维空间中塑造，造型性是它们最重要的审美特征。

由于表现手段不同，绘画种类非常丰富，而写实与表现是两种最主要的方式。写实性绘画直接模仿自然和现实事物形象，多用逼真的手段达到特定的具象效果；表现性绘画侧重强调主观精神，多采取夸张、变形、象征、抽象等手法直接表达主体情感体验与审美需要，实现艺术形象的创造。例如，中国画的特色不仅在于其工具材料(毛笔、宣纸、墨色)有着很大的特殊性，更重要的，是它高度重视抒发主体的内在精神，强调“以形写神”、“神形兼备”，追求气韵、传神和意境，不是向着客观世界去研究形象的物质特性，而是为着心灵需要去触及绘画的形象性，含蓄、深沉地表现主体精神品质，由此形成中国画独特的审美意蕴。

雕塑对于艺术形象的塑造具有高度的概括性和象征性。它以物质实体性的形体，在三维空间中塑造可视、可触及立体的艺术形象，其审美特性是在空间中获得的，与雕塑有关的周围环境也是雕塑作品的有机组成部分。一般来讲，雕塑主要通过两种方式表达：一是清晰地呈现，二是含蓄地暗示。

(2)建筑

建筑是一种具有象征性的视觉艺术，它充分体现了功用和审美、技术与艺术的有机结合。尽管各种建筑的形式、用途各不相同，但它们总体上都体现了“实用、坚固、美观”的原则，总是力图展现各种基本自然力的形式、人类的精神与智慧。也就是说，建筑在具备实用功能(可以供人居住等)的同时，有其一定的审美功能特性。它通过形体结构、空间组合、装饰手法等，形成有节奏的抽象形式美来激发人在观照过程中的审美联想，从而造成种种特定的审美体验。建筑也是时代文化精神的一面镜子，犹如用石头写成的历史。面对各式各样的建筑，人们不仅能够欣赏它的造型之美，而且可以从中认识和感受历史的风貌、时代的变迁、民族的精神和文化的创造。

(3)书法

书法作为一门独特的中国艺术，是从实用升华而来的。它利用毛笔和宣纸的特殊性，通过汉字的点画线条，在字体造型的组合运动与人的情感之间建立起一种同构对应的审美关系，使一个个汉字仿佛具有了生命，体现出书法家的精神气质与审美追求。“中国的书法，是节奏化了的自然，表达着深一层的对生命形象的构思，成为反映生命的艺术。”

具体而言，书法的审美特征主要体现在：第一，姿态。草书和行书或轻盈、或敏捷、或矫健，隶书、楷书在安定稳重里透露着飞动流美，篆书分行布白圆润齐整、用笔流畅飞扬，它们各具造型姿态的美。第二，表情。书法是一种心灵的写照。书法创造中，线条变化与空间构造表现出某种宽泛的情感境界，自由灵活地将书法家的内在气质和个人生命情调带入笔墨，使之成为一种人格与精神的映照。第三，意境。意境创构是书法的最高境界。这种意境之美，是一切中国书法艺术的总体审美意向，也是书法艺术的灵魂。

(4)摄影

摄影是一种现代感很强的视觉艺术。自从法国人达盖尔(Daguerre)在1839年发明摄影术以来，无论在技术还是在审美方面，摄影都取得了全面迅速的发展。尤其是，随着摄影技术的发展，人类的审美视野扩展到了从太空到海底、从微观到宏观的广阔世界。摄影已成为今天人的视觉审美的主要表现工具之一，成为人类的“第三只眼睛”。

2. 表演艺术

(1)音乐

音乐是通过听觉感官(耳朵)及与之相适应的审美手段，传达和接受审美经验的艺术。音乐通过有组织的乐音来表现主体情感境界，其基本构成要素有节奏、旋律、音色、和声、音调和力度等，它们构成了无比丰富的音乐形态。贝多芬(Beethoven)曾经推崇“音乐是比一切智慧及哲学还崇高的一种启示”，而海涅(Heine)则强调“音乐也许是最后的艺术语言”。

(2)舞蹈

舞蹈是人的身体按一定节奏进行连续性动作的艺术形式。它起源于远古人类的生产劳动，并和音乐、诗歌相结合，是人类历史上最早产生的艺术形式之一。作为一种表现人体美的艺术，舞蹈以经过提炼、组织和美化的人体动作姿态为表现手段，传达人类的审美情感，表现生活的审美属性。在舞蹈中，人的身体动作伴随着音乐在时间里不断延续和变化，不仅感染着欣赏(接受)者的情绪并给予审美的愉悦，同时还创造出一种直接宣泄情感的气氛，鼓舞了舞蹈者的情绪，使其从节奏和运动中获得娱乐性的精神满足。舞蹈的审美特征首先表现为抒情性和表现性。

3. 综合艺术

所谓综合艺术，是指同时通过视觉、听觉感官以及与之相适应的审美手段的共同活动来传达和感受审美经验的艺术。它主要包括电影、电视、戏剧等。

(1)电影和电视

电影和电视都是视听并用、视听结合的艺术。自从1895年电影诞生以来，短短一百多年的时间里，电影的艺术创造手段、审美表现能力等迅速得到发展和丰富，不仅极大地拓展了电影艺术的审美感染力，也形成了电影艺术自身的审美特性，使之成为20世纪最具表现力的艺术类型。而电视作为现代传播媒介，同时也是年轻的视听艺术种类，它渗透到人类现实生活的各个方面，对当代社会产生了巨大的影响。

电影、电视艺术能够拥有如此巨大的魅力，是与它们所具有的逼真性、运动性和综合性的审美特性分不开的。首先，以摄影、摄像为工具，决定了电影、电视艺术的形象逼真性。电影、电视的画面与声音互为依存，较易使艺术形象直接进入接受主体的视听心理活动空间，并以此展开审美体验，从而构成电影、电视艺术独特的审美方式和艺术魅力。其次，画面的运动性是电影、电视艺术独特的美学特征。电影、电视是在时间中展现情节的，镜头运动在其中有着突出的作用。最后，电影、电视具有综合性的特点。电影、电视艺术从文学中吸取了叙事的方式和结构，从戏剧中吸取了演员的表演方法，从绘画中吸取了构图和色调，从音乐中吸取了节奏等，因而具有极大的审美表现力。

(2)戏剧艺术

戏剧是以文学、绘画、雕刻、音乐、舞蹈等多种艺术形式有机合成的综合艺术，是由演员扮演角色并当众表演生活的矛盾冲突、发展、演变的艺术形式。概括地说，戏剧艺术按照其表现形式可分为：舞台艺术、戏曲艺术、曲艺艺术等。

4. 语言艺术

语言艺术主要指文学。文学以文字语言(词语)为媒介，不像其他艺术那样直接诉诸人的视听感官，无论文学的传达还是接受都要通过主体想象去感受、体验并构造审美意象。语言艺术一般在分类法中都从艺术大类独立出来作为大类，这部分内容在三个工作任务已经探讨过了，这里就不再累述了。

二、艺术类图书的内容范围

由于表现的手段和方式不同，艺术通常分为：表演艺术(音乐、舞蹈)、造型艺术(绘画、书法、篆刻、雕塑、摄影、工艺美术、建筑艺术等)、语言艺术(文学)和综合艺术(戏剧艺术、电影、电视艺术)。在各种艺术形式中，语言艺术发展得比较充分，图书也十分丰富，因此单独列为一个基本大类。此外，建筑艺术是建筑科学的重要内容，它的发展不仅依赖于造型艺术的成就，更依赖于建筑技术本身的发展水平，因此把它归入建筑科学类更为适宜。艺术大类则包括文学和建筑艺术以外的各个艺术部门的书籍。

三、《中图法》J大类体系结构

J0　艺术理论；

J1　世界各国艺术概况；

J2　绘画；

J29　书法、篆刻；

J3　雕塑；

J4　摄影艺术；

J5　工艺美术；

J6 音乐；

J7 舞蹈；

J8 戏剧艺术。

J0 艺术理论，收书范围包括综合论述或总论多种艺术理论和技法的著作。专论某种艺术的理论和技法的著作，应归入 J2/9 各种专门艺术。

J1 世界各国艺术概况，包括总论世界各国多种艺术的作品评论、作品研究、艺术史、艺术思想史以及多种艺术作品的综合集。

在 J2/9 各种专门艺术下，一般均分为两部分，第一部分是艺术理论和技法；第二部分是艺术作品。各部门艺术作品的分类方法与文学类相似，也是先国别，后形式，按中国、各国两个范畴区别开来。在“中国”、“各国”作品之下，再按专类艺术的艺术内容细分。

四、分类注意事项

1. 艺术理论与各艺术部门理论之间的区分

凡总论各种艺术理论的著作，入 J0 艺术理论，而专论某一种艺术理论的著作，应入该艺术部门。至于同时涉及文学、艺术两方面的理论书籍，习惯上归文学理论。

例如：

《艺术美学》入 J01 艺术美学；

《西方影视美学》入 J901 电影、电视美学；

《文艺美学新编》入 I01 文艺美学。

2. 艺术书籍与非艺术书籍的区分

艺术作为形象再现生活的意识形态，是随着时代发展不断改进的。它不但逐步纵向发展，使艺术形式不断完善，而且也不断朝横向发展，它与其他学科的关系也越来越密切。分类时碰到这样的图书，主要应根据作品的性质确定其是艺术作品还是非艺术作品。

例如：《普利策新闻奖获奖摄影集》反映的是摄影作品，所以入 J413.9 时装摄影

《黄山旅游景观大全》虽然有大量图片，但是属于地理画册，所以入 K928.3 中国名山地理

《姚明画传》，通过大量人像照片来介绍人物的生平事迹，所以入 K825.47 中体育人物传记

《数码单反相机摄影宝典》，本书不是介绍摄影技法的，而是介绍摄影器材的，所以入 TB852.1 照相机

必备知识

艺术类图书分类基本步骤：

主题分析⇒确定J大类⇒
- 艺术总论⇒注意理论与技法的区别
- 各国艺术概况⇒先国家⇒再展开学科子类
- 各艺术门类⇒选定子类⇒注意区分理论、技法和作品

推荐阅读

- [英]E. H. 贡布里希著. 艺术的故事. 南宁：广西美术出版社，2015
- [美]路易斯·詹内蒂著. 认识电影. 北京：中国电影出版社，2007

任务八

掌握自然科学基础科学类图书的分类规则

学习目标

知识目标： 了解一下什么是自然科学，自然科学基础科学包含哪些学科，掌握《中图法》中 N、O、P、Q 大类的基本体系结构。

能力目标： 能判断出哪些图书是数理化、天文地球和生物类的图书，自然科学类目繁多，归类的时候一定要逐层划分，一些注意事项所对应的分类方法一定要掌握。

工作任务描述

书店近期采购了一批自然科学基础科学类图书，下面是其中的 10 本。

《神奇的大自然》
《系统工程概论》
《现代数学史话》
《时间简史》([英]霍金著)
《生活中的化学》
《GPS 精密定轨定位》
《海洋潮汐学》
《物种起源》([英]达尔文著)
《遗传与变异》
《中国植物分布》

问题思考

将上述图书进行分类，写出图书所对应的中图分类号和详细类目名。

工作任务分解与实施

一、自然科学及其基础学科简介

自然科学是研究自然界的物质形态、结构、性质和运动规律的科学。它是人们在社会历史生活过程中所积累起来的关于生产实践和科学实践的各种知识的总和。随着人类社会的不断文明进步，作为认识世界和改造世界主要手段的自然科学技术，已经形成了以基础科学、技术科学和应用技术三大门类为主干的诸多领域的统一完整的现代自然科学技术知识体系。

现代科学技术发展的鲜明特点是：既高度分化、又高度综合。一方面老学科不断分出新支，新学科大量涌现；另一方面新老学科之间相互影响、相互渗透、相互交叉，出现一系列边缘学科、横断学科、综合学科等。因此，整个现代自然科学技术体系出现纵横交错、综合一体的趋势。

自然科学图书又可分为基础科学和应用技术两部分。所谓基础科学，是指研究自然的一般现象、物质运动形态的内部矛盾和运动规律的科学。它主要是研究基本概念、基本规律、基本理论，是整个科学技术的理论基础。由于自然界有各种各样的物质运动的形态，各种运动形态都有其特殊的内部矛盾和运动规律，就形成了自然科学的各门基础学科，主要包括：数学、物理学、化学、天文学、地球科学、生物学六大学科。

数学是是研究数量、结构、变化、空间以及信息等概念的一门学科，从某种角度看属于形式科学的一种。它是以数和形的性质、变化、变换及相互关系为研究对象的。目的是通过探索它们的有关规律，给出对象性质的系统分析和描述，以便在此基础上分析和解决实际问题。关于数学是否是自然科学存在着争议。有人认为数学是一门人文科学，也有人认为数学是哲学的分支，是逻辑学的一部分。但数学与自然科学之间息息相关的关系是无可争辩的，所有自然科学的研究都离不开数学，所以一般情况下数学还是归入自然科学。

了解自然科学

物理学是研究宇宙间物质存在的各种主要的基本形式，它们的性质、内部结构及其相互作用、运动和转化的最一般规律的科学。物理学是最古老的学科之一，物理学的规律和研究方法是其他自然科学和技术科学的基础。在过去两千年，物理学与哲学、化学等经常被混淆在一起，相提并论。直到 16 世纪科学革命之后，才单独成为一门现代科学。现在，物理学已成为自然科学中最基础的学科之一。物理理论通常是以数学的形式表达出来。经过大量严格的实验验证的物理学规律被称为物理定律。

化学，若单从字面解释就是“变化的科学”之意，它是研究物质的组成、结构、性质及其变化规律和其应用、制备，以及物质间相互作用关系的科学。化学研究的对象涉及物质之间的相互关系，物质和能量之间的关联。传统的化学常常都是关于两种物质接触、变化，即化学反应，或者是一种物质变成另一种物质的过程。很多人称化学为“中心科学”，因为化学为部分科学的核心，如材料科学、纳米科技、生物化学等。

了解化学

天文学，观察和研究宇宙空间天体、宇宙的结构和发展的学科，是自然科学中的一门基础学科。天文学与其他自然科学的一个显著不同之处在于，天文学的实验方法是观测，通过观测来收集天体的各种信息。因而对观测方法和观测手段的研究，是天文学家努力研究的一个方向。天文学的起源可以追溯到人类文化的萌芽时代。远古时代，人们为了指示方向、确定时间和季节，而对太阳、月亮和星星进行观察，确定它们的位置、找出它们变化的规律，并据此编制历法。从这一点上来说，天文学是最古老的自然科学学科之一。

地球科学即地学，是以地球系统(包括大气圈、水圈、岩石圈、生物圈和日地空间)的过程与变化及其相互作用为研究对象的基础学科。研究地球科学的目的是更好地开发和保护地球表面的自然资源，使人地关系向着有利于人类社会生活和生产的方向发展。地球科学是一个大题目，纵横几万里，上下数亿年，几乎辐射到自然科学的其他各个领域。对地球的认识同世界各民族的起源、历史、文化乃至这个世界文明的进展，都是紧密联系在一起的。

生物学，又称“生命科学”或“生物科学”，是研究生物各个层次的种类、结构、发育和起源进化以及生物与周围环境的关系的科学。它由经验主义出发，广泛地研究生命的所有领域。这包括生命起源、进化、构造、发育、功能、行为，与环境的互动关系等。1802 年，法国博物学家拉马克最早提出这个名词。近年来，分子生物学快速进展，核酸已成为生命相关研究的共同焦点。生物学内各领域因此高度联结，与其他学科也日益整合。现代生物学已成为一个有众多分支的庞大的知识体系。

基础科学类图书虽然范围广泛，学科繁多，但它们都是以阐明自然界物质运动规律为主要内容，属于科学范畴，而不属于技术范畴。这类图书的主要特点是：理论性、知识性很强，一般很少实用性，图书的深浅程度差别也较大。读者对象，除科普读物之外主要是各专业的教学、科研人员和有关生产部门的工程技术人员。

二、自然科学基础科学类图书的内容范围

1. 数学

数学的内容十分广泛和丰富，现代数学大体分为两类，即纯数学和应用数学。

纯数学是研究从客观世界中抽象出来的数学规律的内在联系，即研究数学本身的规律。纯数学按其研究的对象及特点又大体上可分为三种类型。第一类是研究空间形式的几何类，如解析几何、微分几何、代数几何和拓扑学等。第二类是研究离散系统的代数类，如代数、数论。第三类是研究连续现象的分析类，如微积分、微分方程、如泛函分折等。

应用数学是研究如何从现实问题中抽象出数学规律以及如何把已知的数学规律应用于现实问题。它主要包括数学物理方法、运筹学、控制论、数理统计、计算数学、概率论、计算几何、信息论以及计算机科学的数学理论等。

2. 物理学

关于物理学的分类比较复杂，有的按研究对象的层次结构分，有的按实际用途和研究方法分，有的按发展的时间顺序分，有的按不同特性分等。这些方法都有一定的道理。但是，目前物理学家们多倾向于按物理学研究对象的层次结构运动形式来分类。因为它能较好地揭示物质结构的各个层次以及层次内部实体之间的相互作用的基本规律，反映物质运动的连续和间断、联系和转化的辩证关系，同时这种方法也符合人类认识史的发展，同传统的按经典物理和现代物理的分法相一致。物理学按研究对象的不同来分类：有力学、声学、热学、光学、电学、磁学、分子物理学、原子物理学、原子核物理和基本粒子物理学。每一部门又包括若干分支学科。

3. 化学

化学的分科按研究对象和方法的不同，通常分为无机化学、有机化学、物理化学、分析化学等。随着化学在各方面的广泛应用，又陆续形成了许多分支及边缘科学，如量子化学、高分子化学、结构化学、分子工程学、生物化学、农业化学、石油化学、海洋化学、地质化学、地球化学等。

4. 天文学

天文学的学科分类一般为：天体测量学、天体力学、天体演化学、天体物理学、射电天文学、空间天文学等。另外，天文学还可以根据研究对象，按照空间尺度的层次，如太阳系、银河系、河外星系等来分类。随着新的科学技术广泛应用，空间科学的发展以及理论物理学的广泛渗透，近年来又兴起了新的分支。如射电天体测量学、空间天体测量学、天文动力学、红外天文学、紫外天文学等。天文学的领域具有十分广泛的发展前景。

5. 地球科学

地球科学的内容很广泛，它主要包括测绘学、地球物理学、地质学、地理学等。每一门学科又有不少分支。例如地质学就包括矿物学、岩石学、动力地质学、构造地质学、地史学、矿床学、地震地质学、地热地质学、环境地质学、水文地质学、工程地质学，还有与地质学相联系的古生物学、气象学、海洋学、地球化学及宇宙地质学等。其中矿物学又包括形态矿物学、物理矿物学、成因矿物学，应用矿物学等。

6. 生物学

生物学的研究范围是极其广泛的，内容非常丰富。首先，按研究对象——生物的类群来划分，有微生物学、植物学、动物学和人类学等。其次，根据生物特征——生命现象的不同角度来划分，有形态学、分类学、生态学、胚胎学、生理学、遗传学、进化论等。再次，按生物层次——生物结构水平来划分，有分子生物学、细胞学、组织学、器官生物学、个体生物学、群体生物学、生态系统生物学等。最后，以学科交叉——与其他学科的关系来划分，有生物化学、生物物理学、生物数学和仿生学等。

三、《中图法》N、O、P、Q大类体系结构

1.《中图法》N大类体系结构

N0/[7]　自然科学总论性著作；

N8　自然科学调查、考察；

N91　自然研究、自然历史；

N93　非线性科学；

N94　系统科学。

N0/[7]自然科学总论性著作，其类目的划分是按总论复分表的分类体系编列的；另外需要注意的是具有自然学科属性的普遍性的学科，如非线性科学和系统科学。

2.《中图法》O大类体系结构

O1/2　数学；

O3　力学；

O4　物理学；

O6　化学；

O7　晶体学。

O大类类目表的结构，一般是按照从低级到高级，从简单到复杂，从一般到特殊，从理论到应用的逻辑系统排列类目的。例如“O1 数学”是：古典数学—初等数学—高等

数学—计算数学—应用数学。

3.《中图法》P 大类体系结构

P1　天文学；

P2　测绘学；

P3　地球物理学；

P4　大气科学(气象学)；

P5/6　地质学；

P7　海洋学；

P9　自然地理学。

以研究天体物质为对象的"天文学"只占第一个部分，后面的部分都属于以研究大地物质为对象的"地学"。其中 P2 是大地测绘技术"测绘学"。P3 是以大地的岩石圈、水圈和大气圈的物理现象为研究对象的"地球物理学"。它又包括研究大地岩石圈的物理现象"大地物理学"，研究地球上水圈的物理现象"水文学"。P4 是研究大气圈的物理现象"气象学"。由于"气象学"在地球科学中已发展为较重要的科学部门，因而分类法把它列为二级类目。P5/6 是研究地壳上部的结构、作用及其变化的"地质学"。P7 是"海洋学"，包括海洋物理、化学、海洋地质、地貌、海洋资源开发、海洋工程等。它已成为研究海洋的一门综合性科学。P9 是综合研究地球表面现象的"自然地理学"。

4.《中图法》Q 大类体系结构

Q1　普通生物学；

Q2/[89]　生物各门类学科；

Q91　古生物学；

Q93　微生物学；

Q94　植物学；

Q95　动物学；

Q96　昆虫学；

Q98　人类学。

生物学大类包括四个方面的内容。Q1/[89]是普通生物学和生物学各专门学科。其中有细胞学、遗传学、生理学、生物化学、生物物理学、分子生物学、环境生物学等。这些专门学科原来也属于普通生物学的范畴，现在已经发展成为生物科学中的一些独立学科，所以分类法将它们与普通生物学并列在一起。Q91 是以古代生物为研究对象的古生物学。Q93/96 是以具体生物为研究对象的各具体生物学，包括微生物学、植物学、动物学和昆虫学。最后 Q98 是研究人类起源和发展的人类学、人体形态学。

生物科学列类的原则也是从低级到高级、从简单到复杂、从一般到具体的逻辑系统。

四、分类注意事项

1. 自然科学总论性著作与专论性著作的区分

凡是总论自然科学理论，即概述自然科学的发展规律和科学技术研究中的一般理论问题的著作，归入“N 自然科学总论”，专论某一门科学技术的理论著作应入有关各类。泛论包括自然科学和社会科学方面科学研究的理论著作，即使侧重论述自然科学的研究，也不入 N 大类，而应入“G3 科学、科学研究事业”。

例如：

《现代自然科学概论》，总论自然科学理论，入 N0 自然科学理论与方法论。

《科学的价值》，总论科学和科学研究，入 G301 科学学。

《哲学的价值》，论述哲学基本理论，入 B018 哲学价值论。

2. 关于科学普及读物的分类

凡综合性的科普读物，归入“N49 普及读物”；各专门学科的科普读物，应入各有关学科；专为儿童编写的科学故事、科幻小说等，则应归入”I28 儿童文学”。

例如：

《大学生必知的科学常识》入 N49 自然科学普及与教育。

《医学卫生普及全书》入 R-49 医药卫生普及读物。

《外国科学家的小故事》入 I287.5 中国当代儿童故事。

3. 自然地理与经济地理、综合性地理著作的区分

自然地理学主要是研究地表自然环境构成和发展规律方面的著作，属于自然科学范畴，列入“P9 自然地理学”。其中包括综合自然地理学、部门自然地理学、区域自然地理学和自然地理图等。而总论自然、经济、国民、国家制度、文化生活等各方面的综合性地理著作，则应归入“K9 地理”类。

例如：

《福建自然地理》，介绍的是福建的各种地貌特征，入 P942.57 福建自然地理学。

《福建之旅》，是一本旅游类图书，介绍当地的景点和风土人情，入 K928.957 福建旅游、游记。

必备知识

自然科学图书的分类，一般是以书中内容的学科性质为主要标准。由于自然科学图书不具有政治思想这一属性，自然科学部分类表的列类，也不受政治思想原则的制约，因此分类体系比社会科学部分要清楚得多。但因为这类图书的知识范围广，内容杂，学科知识专深，实际分类时仍有一定的难度。为了迅速准确地分好自然科学图书，除了要掌握一般分书方法，熟悉大类的体系结构，还要求分类人员加强学习，努力提高科学知识水平。

推荐阅读

- [美]比尔·布莱森著. 万物简史：彩图珍藏版. 南宁：接力出版社，2007
- [美]I. 阿西莫夫著. 阿西莫夫最新科学指南. 南京：江苏人民出版社，2000

任务九

掌握自然科学应用科学类图书的分类规则

学习目标

知识目标：了解一下自然科学应用科学包含哪些学科，掌握《中图法》中 R、S、U、V、X 大类的基本体系结构。

能力目标：能判断出哪些图书是自然科学应用科学类的图书，自然科学专业性较强，需要具有广阔的知识面，一些注意事项所对应的分类方法一定要掌握。

工作任务描述

书店近期采购了一批自然科学应用科学类图书，下面是其中的 12 本。

《一觉睡到自然醒》
《乙肝预防知识》
《城市绿化的作用》
《汽车驾驶技巧》
《航空发展简史》
《人与自然的关系及环境可持续发展》
《本草纲目》([明]李时珍著)
《家庭用药安全指南》
《家庭养鱼完全入门》
《高铁为什么能飞驰》
《火箭空气动力学》
《家庭安全防范常识》

问题思考

将上述图书进行分类，写出图书所对应的中图分类号和详细类目名。

工作任务分解与实施

一、自然科学应用学科简介

所谓应用科学，就是应用自然科学基础科学的基本概念、基本规律、基本理论来改造自然，以满足人类生活需要的知识。应用科学与基础科学在学科性质和研究方法上是有所不同的。基础科学是探索自然界物质运动的基本规律，而应用科学的基本任务则在于研究怎样应用这些规律来改造自然的方式、方法。但是。它们彼此又有着密切的关系。关于应用科学的分支，一般情况下都是按照医药、农业、工业三方面的具体学科内容列类的。

医药、卫生是医学、药学和属于医学体系的卫生学的总称，广义上也简称为医学。狭义的医学是是通过科学或技术的手段处理人体的各种疾病或病变。它是化学、生物学的应用学科，是一个从预防到治疗疾病的系统学科。虽然东西方由于思维方式的不同导致研究人体健康与外界联系及病理机制的宏观微观顺序不同，但在不远的将来中西医实践的丰富经验的积累和理论的形成必将诞生新的医学——人类医学。药学主要研究药物的来源、炮制、性状、作用、分析、鉴定、调配、生产、保管和寻找(包括合成)新药等，是连接健康科学和化学科学的医疗保健行业，它承担着确保药品的安全和有效使用的职责。药学的主要任务是不断提供更有效的药物和提高药物质量，保证用药安全，使人类能更好地同病害作斗争。

农业，是以动物、植物和微生物为劳动对象，以土地为基本生产资料，通过人工培育和饲养，以取得满足人们需要的产品的物质生产部门。农业属初级生产，为人类最大和最重要之经济活动之一。简单地说是人类运用其智慧去改变自然环境，利用动植物的生长繁殖来获得产品，更进一步换取经济收益的一种系统。广义的农业包括种植业、林业、畜牧业、副业及渔业，泛称农、林、牧、副、渔。

工业是指从自然界取得物质资源和对原材料进行加工、再加工的社会物质生产部门。工业技术是一个庞大的学科群，为了教学的方便我们把它放到下一个任务单元单独讲解。另外从工业中也衍生出一些新兴学科，主要有交通运输、航空航天、环境科学和安全科学。

交通运输是研究铁路、公路、水路及航空运输基础设施的布局及修建、载运工具运用工程、交通信息工程及控制、交通运输经营和管理的工程领域。交通运输是经济发展的基本需要和先决条件，是现代社会的生存基础和文明标志，是社会经济的基础设施和重要纽带，是现代工业的先驱和国民经济的先行部门，是资源配置和宏观调控的重要工具，是国土开发、城市和经济布局形成的重要因素，对促进社会分工、大工业发展和规模经济的形成，巩固国家的政治统一和加强国防建设，扩大国际经贸合作和人员往来发挥重要作用。总之，交通运输具有重要的经济、社会、政治和国防意义。

了解互联网＋交通

航空科学技术是研究航空器及其在地球大气层内空间飞行的应用科学，航天科学技术是指研究航天器及其在大气层外的外层空间飞行的应用科学。人类在征服大自然的漫长岁月中，早就产生了翱翔天空、遨游宇宙的愿望。航空航天的成果集中了科学技术的众多新成就。迄今为止的航空航天活动，虽然还只是人类离开地球这个摇篮的最初几步，但它的作用已远远超出科学技术领域，对政治、经济、军事以至人类社会生活都产生了广泛而深远的影响。

环境保护与安全科学，是在现代社会经济生活与现代科学技术发展过程中形成的两门综合性科学。环境科学研究人类与自然环境和社会环境相互关系，保护环境，防止和治理环境污染及灾害。安全科学研究如何保障安全生产和安全生活，防止损害人体健康。

了解环境科学

二、自然科学应用科学类图书内容范围

1. 医学类图书

医药、卫生类图书根据研究的内容、对象和方法，医学分为基础医学、临床医学和预防医学三部分。每个部分又包括各种不同的专门学科。此外，还有特种医学，如军事医学、法医学、航空医学、航海医学、宇宙医学等。

基础医学，主要探讨人体结构和人的生命活动的规律，研究疾病的原因及疾病发生发展的过程，研究治疗的方法和原理。包括人体解剖学、组织学、胚胎学、生理学、病理学、生物化学、微生物学、寄生虫学等各门学科。

临床医学，着重研究疾病的诊断和预防治疗。它根据病人的临床表现，从整体出发综合研究疾病的病因、发病原理和病理过程，进而确立诊断，通过预防治疗以消除疾病，减轻病人痛苦，恢复病人健康。临床医学的范围最为广泛，既包括一般的诊断学、治疗学和护理学，又包括专门的内科学、外科学、伤科学、妇科学、产科学、儿科学、五官科学、神经学、精神病学、皮肤病学、传染病学、针灸学、推拿学、放射学等。

药学，主要研究药物的来源、炮制、性状、作用、用途、分析、鉴定、调配、生产、保管等，目的是不断提供更有效的药物和提高药物质量，保证用药安全，使人类更好地同疾病作斗争。具体包括药理学、药剂学、生药学、制药学、处方学、调制学、毒物学以及各种药品的研究。

医药、卫生类图书，范围广、品种多，在科技书中占有很大的比重。它具有实用性强、读者面广、内容深浅差异大等特点。在书店里可以归纳为四种基本类型：医学专题学术论著；医学基础理论著作，主要是医学院校的教材；临床医学各科著作，其中包括医学院校临床各科的教材；医药卫生科普读物。

2. 农业科学类图书

农业科学类图书包括：

(1)农业基础科学，有土壤学、肥料学、农业数学、农业物理学、农业化学、农业气象学、农业生物学等；

农业的产生和早期发展

(2)农业工程，有农业建筑物、农业机械化、农业电气化、农业航空、农业动力、农田水利等；

(3)农艺学，是农业生产的基本技术，包括作物栽培的生物学原理、品种与品种资源、育种与良种繁育、耕作学、播种与栽植、田间管理、农产品收获、加工及贮藏、农产品综合利用、农产副业等；

(4)植物保护，是用科学方法治理病虫害，保护好农业环境，提高农业管理效能，保证农业增产的一门重要学科。包括各种病虫害、灾害及其防治方法，植物保护机械等；

(5)论述各种农作物、园艺、林业、畜牧、水产等生产技术的著作；

(6)论述农业生产经营管理的著作。

农业科学类图书的特点主要是：地区性特别明显，时间性特别强，专业性读者比

较少，一般性读者非常广泛。

3. 交通运输类图书

现代交通运输根据运输工具与活动范围不同，一般区分为铁路运输、公路运输、水路运输、航空运输。管道运输正发展成一种新的运输方式，但尚未构成独立的运输部门，故编列在“U1 综合运输”内。

4. 航空、航天类图书

现代的航空航天范围已扩大到包括载人或不载人的飞行、航空学、航天学及其工程实践的广泛内容。航空学和航天学主要包括：空气动力学、大气层飞行动力学、航天动力学、飞行器结构力学、推进原理、自动控制理论、航空电子学、空间电子学和航空航天医学等。

5. 环境科学和安全科学类图书

在现阶段，环境科学主要是运用自然科学和社会科学的有关学科的理论、技术和方法来研究环境问题，形成与有关学科相互渗透、交叉的许多分支学科。属于自然科学方面的有环境地学、环境生物学、环境化学、环境物理学、环境医学、环境工程学；属于社会科学方面的有环境管理学、环境经济学、环境法学等。

了解航天技术

安全科学是一门新兴的、边缘科学，涉及社会科学和自然科学的多门学科，涉及人类生产和生活的各个方面。从学科角度上看安全科学技术的研究主要包括：①安全科学技术的基础理论，如灾变理论，灾害物理学、灾害化学、安全数学等；②安全科学技术的应用理论：如安全系统工程、安全人机工程、安全心理学、安全经济学、安全法学等；③专业技术：包括安全工程、防火防爆工程、电气安全工程、交通安全工程、职业卫生工程(除尘、防毒、个体防护等)、安全管理工程等。

三、《中图法》R、S、U、V、X 大类体系结构

1.《中图法》R 大类体系结构

R1　卫生学、预防科学；

R2　中国医学；

R3　基础医学；

R4　临床医学；

R5/79　各门类医学；

R8　特种医学；

R9　药学。

医药、卫生类可以概括为三个部分，即卫生学、医学、药学。其中医学是重点，占据着大部分的类目。医学类目又分中国医学，即通常所说的中医，“R3/7 现代医学”，即通常所说的西医，以及特种医学三个方面。所谓特种医学是指各种特殊领域中应用的医学，包括放射医学、军事医学、航海医学、潜水医学等。

2.《中图法》S 大类体系结构

S1　农业基础科学；

S2 农业工程；

S3 农学(农艺学)；

S4 植物保护；

S5 农作物；

S6 园艺；

S7 林业

S8 畜牧、动物医学；

S9 水产、渔业。

农业科学包括农、林、牧、副、渔五个方面的内容。《中图法》分别序列为 S1/6 农业、S7 林业、S8 畜牧兽医、以及 S9 水产、渔业四个部分。农业方面又编列了 S1/4 农业基础科学，S5/6 农作物、园艺两大类。关于副业方面的内容，由于考虑到它广泛涉及农业、畜牧业以及各种工业生产，所以均分别归入有关各类。只在农艺学类下列出一个“S39 农业副业”总论性类目。

3.《中图法》U 大类体系结构

[U-9] 交通运输经济

U1 综合运输；

U2 铁道运输；

U4 公路运输；

U6 水路运输；

[U8] 航空运输。

交通运输其实也是工业的一个分支，《中图法》考虑到交通运输在国民经济中的重要性，而且广泛地涉及建筑、冶金、机械、动力、电技术等各门科学的成果，因此把它列做一个大类，排在工业技术的后面。航空运输与航空工程关系密切，在“V 航空、航天”大类列出，同时在本类设置交替类目，也就是说航空运输类图书一般要分到 V 大类去。各类交通运输的分类体系是按三个方面的内容来序列的：各种运输建筑；各种运输工具的制造、运用、驾驶、维修；各种运输的技术管理。

4.《中图法》V 大类体系结构

V1 航空、航天技术的研究与探索；

V2 航空；

V4 航天(宇宙航行)；

[V7] 航空、航天医学。

航空和航天关系极为密切，所以在《中图法》中合并为一个类组。由于它和交通运输关系较为密切，而且广泛应用于工程技术和各基础科学的一切成果，是发展较快的一门科学。因此独立为一个大类，排在交通运输之后。需要注意的是碰到航空、航天医学类的图书，千万不能分入 V 大类，而要分到“R85 航空航天医学”这个类目中。

5.《中图法》X 大类体系结构

X1 环境科学基础理论；

X2 环境综合研究；

X3　环境保护管理；

X4　灾害及其防治；

X5　环境污染及其防治；

X7　三废处理与综合利用；

X8　环境质量评价与环境监测；

X9　安全科学。

环境科学和安全科学性质相近，都是保护生态环境、维护人类健康的科学，为此把二者编列为一个类组。环境科学、安全科学，是 20 世纪 90 年代初兴起的一门综合性科学。它所研究的领域非常广泛。为了消除防治自然和人为的灾害，保持人类赖以生存的有利环境，目前这门科学日益为世界各国所重视，有关这方面的著作也日益增多。

四、分类注意事项

1. 自然科学应用学科总论与专论的关系

总论与专论的关系，就是共性与个性的关系。总论性类目只收一般性、综合性、概括性和通用性的著作；专论性类目则专收某一学科、某一问题的著作。

例如：总论疾病的预防与卫生的著作，应入“R1 预防医学、卫生学”，但论述具体疾病的预防与卫生，均入有关各科疾病。

总论农作物生产技术的图书，入“S3 农艺学”，专论某一作物的生产技术的图书则归入“S5 农作物”有关类。

总论性、一般性的环境保护著作，入“X 环境科学、安全科学”，专论各门学科中环境保护问题的著作，应入有关各学科。

2. 关于科学普及读物的分类

生物科学是以有机物质的生命现象作为研究对象的科学，因此与农业科学关系密切。凡是属各种农作物、园艺作物、林木、畜牧等的生物学著作(包括生理、生化、生态等)，均集中在农业科学有关类下，唯有鱼类的生物学著作，入“Q 生物科学”。

例如：

《玉米生理学》入 S513.01 玉米生物学原理。

《鱼类生理学》入 Q959.4 鱼纲系列生理学。

《鱼类养殖技术指南》入 S96 水产养殖技术。

必备知识

应用科学是综合运用技术科学的理论成果，创造性地解决具体工程、生产中的技术问题，创造新技术、新工艺和新生产模型的科学，如农业、工业、生物医药等。应用科学是自然科学体系中的应用理论和应用方法。它直接作用于生产，针对性强，讲究经济效益，所包括的学科门类最多，社会对其放的人力、物力、财力也最多。

推荐阅读

• 张大庆著. 医学史十五讲. 北京：北京大学出版社，2007

• [奥]埃尔温·薛定谔著. 生命是什么：珍藏本. 长沙：湖南科学技术出版社，2012

• [美]坎宁安，赛戈编著. 环境科学：全球关注. 北京：科学出版社，2004

任务十

掌握工业技术类图书的分类规则

学习目标

知识目标：了解一下工业技术16个二级类目包含哪些学科，掌握《中图法》中T大类的基本体系结构。

能力目标：熟练掌握T大类、特别是“TP自动化技术与计算机技术”类图书的分类方法，一些注意事项所对应的分类方法一定要掌握。

工作任务描述

书店近期采购了一批工业技术类图书，下面是其中的10本。

《工业设计学》
《仪器制造工艺学》
《7天精通Flash CS5动画设计》
《Windows 8操作系统从入门到精通》
《3万元搞定装修》
《数码相机完全手册》
《安卓系统使用方法与技巧》
《鱼雷弹道研究》
《2014中国印刷产业报告》
《好吃懒做家常菜》

问题思考

将上述图书进行分类，写出图书所对应的中图分类号和详细类目名。

工作任务分解与实施

一、工业技术简介

工业是从自然界取得物质资源和对原材料进行加工、再加工的社会物质生产部门。工业是社会分工发展的产物，经过手工业、机器大工业、现代工业几个发展阶段。在古代社会，手工业只是农业的副业，经过漫长的历史过程，直到18世纪英国出现工业革命，使原来以手工技术为基础的工场手工业逐步转变为机器大工业，工业才最终从农业中分离出来成为一个独立的物质生产部门。随着科学技术的进步，19世纪末到20世纪初，进入了现代工业的发展阶段。从20世纪40年代后期开始，以生产过程自动化为主要特征，采用电子控制的自动化机器和生产线进行生产，改变了机器体系。从70年代后期开始，进入80年代后，以微电子技术为中心，包括生物工程、光导纤维、新能源、新材料和机器人等新兴技术和新兴工业蓬勃兴起。这些新技术革命，正在改变着工业生产的基本面貌。

计算机技术是进行计算机硬件系统设计、制造和软件开发并使其应用于各工程领域。计算机技术是信息社会中的核心技术，也是实现现代化的关键技术之一。计算机技术根植于电子工程、数学和语言学，是科学、工程和艺术的结晶，它在20世纪最后的三十年间兴起成为一门独立的学科。作为一门新兴的技术，计算机技术在短短的几十年内获得了空前的发展，其应用已渗透到社会生产、生活的各个方面。计算机技术的应用不仅正在改变着人类生产和生活的方式，而且在一定程度上决定着许多学科的新发展，并在很大程度上影响和改变着各国综合国力的对比，是人们竞相发展的重要技术领域。

二、自然科学工业技术类图书内容范围

1. 工业

工业技术类图书，是指各工业部门所应用的工程和技术方面的图书。工业一般情况可以分为重工业和轻工业。

了解工业

重工业：是指为国民经济各部门提供物质技术基础的主要生产资料的工业。按其生产性质和产品用途，可以分为下列三类：(1)采掘(伐)工业，是指对自然资源的开采，包括石油开采、煤炭开采、金属矿开采、非金属矿开采和木材采伐等工业；(2)原材料工业，指向国民经济各部门提供基本材料、动力和燃料的工业。包括金属冶炼及加工、炼焦及焦炭、化学、化工原料、水泥、人造板以及电力、石油和煤炭加工等工业；(3)加工工业，是指对工业原材料进行再加工制造的工业。包括装备国民经济各部门的机械设备制造工业、金属结构、水泥制品等工业，以及为农业提供的生产资料如化肥、农药等工业。

轻工业：指主要提供生活消费品和制作手工工具的工业。按其所使用的原料不同，可分为两大类：(1)以农产品为原料的轻工业，是指直接或间接以农产品为基本原料的轻工业。主要包括食品制造、饮料制造、烟草加工、纺织、缝纫、皮革和毛皮制作、造纸以及印刷等工业；(2)以非农产品为原料的轻工业，是指以工业品为原料的轻工业。主要包括文教体育用品、化学药品制造、合成纤维制造、日用化学制品、日用玻璃制品、日用金属制品、手工工具制造、医疗器械制造、文化和办公用机械制造等工业。

除了上述学科以外，通讯技术、自动化技术、计算机技术、建筑科学和水利工程涉及了多种工业技术应用，也属于工业技术范畴。

2. 计算机技术类图书

计算机技术领域包括三个方面：算法的理论研究；计算机软、硬件系统的设计开发以及与其他领域紧密相关的应用系统的研究、开发和应用。

计算机专业趣味介绍

算法的理论研究，主要研究计算技术和执行特定任务的高效算法。是一门包含各种各样与计算和信息处理相关主题的系统学科。

它包含有4个主要研究领域：计算理论，算法与数据结构，编程方法与编程语言，以及计算机元素与架构。

计算机软、硬件系统设计开发技术包括：计算机技术理论基础，计算机系统设计，分布式计算机系统技术，新型计算机体系结构，计算机语言及其处理系统，操作系统技术，数据处理技术，算法设计技术，人工智能技术，专家系统技术，图像处理与图形学，计算机网络与通讯技术，嵌入式计算机技术，专用计算机技术，计算机安全技术，移动计算机技术，计算机外部设备技术等。

计算机应用系统的开发利用技术包括：应用系统设计技术，办公室自动化，智能大楼，计算机集成制造系统，项目管理，计算机控制，决策支持系统，计算机网络系统的设计、实现、应用开发，计算机辅助设计，各领域计算机应用技术，各领域计算机应用系统的设计与实现，面向市场的计算机应用系统的设计与实现等。

三、《中图法》T大类和TP类目的体系结构

1.《中图法》T大类体系结构

TB　一般工业技术；

TD　矿业工程；

TE　石油、天然气工程；

TF　冶金工业；

TG　金属学与金属工艺；

TH　机械、仪表工业；

TJ　武器工业；

TK　能源与动力工程；

TL　原子能技术(核能)；

TM　电工技术；

TN　无线电电子学、电信技术；

TP　自动化技术、计算机技术；

TQ　化学工业；

TS　轻工业、手工业；

TU　建筑科学；

TV　水利工程。

在现代图书分类法中，工业技术已经独立地成为一个大类。而且体系复杂，类目繁多，几乎占全表的三分之一。《中图法》根据实际情况，依照工业技术部门的内容性质和它们之间的相互联系，编列了十六个二级类目。但由于这些二级类目包括的内容范围也很庞大，类目很多，所以为了使用方便起见，这些二级类目都用双字母表示。

2.《中图法》“TP3计算技术、计算机技术”类目体系结构

TP30　一般性问题；

TP31　计算机软件；

TP32　一般计算器和计算机；

TP33　电子数字计算机；
TP34　电子模拟计算机；
TP35　混合电子计算机；
TP36　微型计算机；
TP37　多媒体技术；
TP38　其他计算机；
TP39　计算机的应用。

计算机技术其实是属于工业技术的一门分支，但是在书店中这类图书的数量远远大于其他工业技术学科的数量，因为现在人们的日常生活已经离不开计算机，计算机技术是每个人必须掌握的技术，所以这里单独列出他的体系结构，这门学科图书的分类方法是书店工作人员必须掌握。

四、分类注意事项

1. 制造与使用的关系

制造和使用是一门科学技术的两个方面，它们往往不属于同一学科。一般情况下，工业产品的制造方法和过程入 T 大类，而关于工业产品使用的著作入各类。

例如：

《现代农药剂型加工技术》入 TQ450.6 农药加工工艺；
《农民安全科学使用农药必读》入 S48 农药防治；
《药物制剂技术与设备》入 TQ460.6 制药工艺；
《常用非处方药物速查手册》入 R97-62 药品手册、名录、指南、一览表、年表。

2. 经济与技术的关系

经济与技术的关系，主要是指工业技术和工业经济的关系。凡是叙述生产技术的理论方法，如原理、设计、材料、产品、维修、使用等著作入工业技术，凡是研究经营管理的方式方法，如方针政策、管理体制、生产计划、财务管理、劳动保护等著作，入工业经济有关类。

例如：

《化工企业管理和发展》入 F407.7 化学工业部门经济；
《精细化工生产技术》入 TQ062 化学工业生产方式及过程。

3. 计算机软件类图书分类

“TP31 计算机软件”和“TP39 计算机应用”两个类别有一定的交叉关系，因为很多计算机软件类的图书都是指导读者怎样更好的实用软件，这就造成了分类时容易产生偏差的情况。一般情况下，介绍各种软件的开发、研制的原理入 TP31，各种软件的使用方法入 TP39，各行业类软件在其他学科中的应用入相关各类。

例如：

《Word 向 Pdf 文档的转换》入 TP317.2 计算机文字处理软件；
《Word 2010 文档处理使用教程》入 TP391.12 计算机汉字处理系统的应用；
《3ds Max 2012 室内设计基础教程》入 TU238.2 室内建筑设计。

必备知识

工业技术类图书的主要特点是：品种多、内容专、分类细、实用性强、读者对象比较明确。在书店里，可以分为以下几种类型。

(1)技术科学理论著作；

(2)理、工科大专院校、技工学校及业余职业技术学校教材和教学参考书；

(3)中、初级工程技术读物；

(4)科技工具书；

(5)技术标准文件；

(6)生活用书。

推荐阅读

•[美]雷・库兹韦尔著. 灵魂机器的时代：当计算机超过人类智能时. 上海：上海人民出版社，2006

任务十一

掌握综合性图书的分类规则

学习目标

知识目标： 了解一下什么是综合性学科，什么是综合性图书，了解一下《中图法》中 Z 大类的基本体系结构。

能力目标： 要知道哪些图书必须分到 Z 大类，综合性学科和综合性图书的分类方法截然不同，要注意掌握，一些注意事项所对应的分类方法一定要掌握。

工作任务描述

书店近期采购了一批综合型图书和工具书，下面是其中的 10 本。

《简明不列颠百科全书》　　《中国百科辞典》

《中国统计年鉴》　　《未来学浅说》

《图书馆古籍善本书目》　　《有效的管理者》

《小说月报》(2014 合订本)　　《红楼梦人名索引》

《古今图书集成》([清]陈梦雷编)　　《郭沫若全集》

附注：郭沫若(1892-1978)四川省乐山人。原名郭开贞，字鼎堂，号尚武。笔名沫若。著名文学家，剧作家，诗人，历史学家，古文字学家，书法家，学者，社会活动家。

问题思考

将上述图书进行分类，写出图书所对应的中图分类号和详细类目名。

工作任务分解与实施

一、综合性图书概述

综合性图书是指涉及所有知识门类或许多知识部门，并具有独特编制体例的图书。

由于图书分类是以科学分类为基础的，因此分类法基本上是按照学科知识体系设置类目的。综合性图书内容庞杂，不适宜归入任何一门学科，为了使这部分图书有类可归，一般分类法均特设一类来容纳它们。

综合性图书不同于综合性学科。综合性学科是指广泛运用多种学科的理论和方法，从各个侧面，各个角度探讨自然界和人类社会的某一综合性客体和现象所形成的学科。综合性学科主要是学科高度综合的产物。综合性学科的范围相当广泛，按学科综合的不同层次划分，有社会科学体系内部的综合，如人才学、教育心理学、阅读心理学等；有自然科学体系内部的综合，如量子化学、射电天文学、生物物理化学等，有社会科学和自然科学之间的综合，如科学学，环境科学、管理科学等。此外，还包括对不同客体的某一共同方面进行综合研究的横断科学，如信息论、系统论、控制论等。综合性学科表现在学科内容上进行综合，综合性图书主要表现在形式上的综合性。它只收那些内容庞杂，类无专属，无法按内容性质分类，只能按编辑体例分类的综合性图书，而不包括任何综合性学科的图书。

二、综合性图书内容范围

综合性图书是以编制形式立类的，其类型多种多样，大体分为三个方面：丛书、文集、连续性出版物；参考工具书；检索工具书。

1. 丛书、文集、连续性出版物

丛书又名文库、丛刊、丛刻、汇刻书。即编印各种单独著作而冠以总书名的图书。丛书按内容有综合性丛书和专科性丛书之分。

文集是指汇集许多单篇文章的图书。就文集的编辑形式分，有论文集、全集、选集和杂著等。

连续性出版物是在一个固定名称下，汇集许多作者的文章，无限期地连续分期编号刊行的出版物。连续性出版物种类繁多，按内容分，有综合性的和专科性的；按出版的周期分，有定期的和不定期的。期刊通常是指有固定周期的连续出版物。

2. 参考工具书

参考工具书主要包括字典、辞典、百科全书、类书、年鉴、手册等。

字典是汇释文字的工具书，主要解释字的形体、读音和意义。辞典，又称词典，主要是解释词语的概念、意义及其用法，以便查阅的工具书。字典与辞典性质相近，但两者又有区别。字典着重讲单字，词典着重讲复词；字典主要解决认字问题；词典主要解决名词术语问题。现代的字典、词典，按收录内容、解释方法及作用，可分为语文性、专科性和综合性三大类。

百科全书是以辞典形式编排的大型工具书，是百科知识的总汇。它搜集各种专门名词、术语、分列条目，详细解说，具有汇编性、概括性、分类性、寻检性和可读性等特点。百科全书按收录范围和读者对象大体可分为；综合性百科全书、专科性百科全书、儿童和通俗百科全书等。

类书是辑录书籍中的有关篇章、文句、词藻等，按类或按韵编排，以便寻检和征引的工具书。类书和百科全书一样，都向人们提供详细、系统的知识材料，但类书只是汇编材料，不加任何解释，而百科全书则对各学科知识尽可能作详细、概括、系统的论述。类书按内容范围分，有综合性类书和专门性类书两种。

年鉴与手册都是事实便览性工具书。年鉴逐年出版，汇编一年内有关某方面或各个方面的重要发展情况和统计资料；手册汇编某一方面经常需要查考的基本资料和数据。年鉴的时间性强，资料新颖，具有连续参考价值。手册灵活多样，实践性强，资料比较稳定，便于手头随时查阅。年鉴按内容性质大体可归纳为三类：综合性的年鉴、专门性年鉴和统计性年鉴。手册可分为两类：一是常识性的；二是专门性的。

3. 检索工具书

书目、索引和文摘都是揭示图书和报刊的文献检索工具书。

书目，又称图书(报刊)目录。它是对一批相关图书(报刊)的揭示与记录，按一定的次序编排而成，以供查考图书和报刊的工具书。书目的种类很多，就其编制目的、收录内容与范围，可分为综合性书目，专题文献书目、地方文献书目、个人著述书目、联合目录、古典书目、报刊目录等。

索引也叫"引得""通检"。它是把书刊里的内容，如主题、人名、书名、地名等。摘录下来，注明出处，按一定次序排列，以供查阅资料线索的工具书。索引按所揭示的对象，可分为图书索引和报刊索引；按其收录资料的内容，又可分为综合性索引和专科性索引。

文摘，是图书或论文的摘要。它将图书或论文的主要内容，用简明扼要的文字摘录出来，并按一定方式编排，以供读者查阅。文摘按其摘录文献的方式，可分为指示性文摘和报导性文摘两大类。

三、《中图法》Z 大类的体系结构

Z1　丛书；

Z2　百科全书、类书；

Z3　辞典；

Z4　论文集、选集、全集、杂著；

Z5　年鉴、年刊；

Z6　期刊、连续性出版物；

Z8　图书目录、文摘、索引。

《中图法》按照图书内容综合性的特点和图书分类的需要，设置了综合性图书大类，并根据现内容后形式的原则置于分类表的最后。以上七个子类进一步区分，按国家，国家以下再按时代或编辑体裁的种类分。

四、分类注意事项

1. 关于综合性图书与综合性学科图书的分类

《中图法》Z 大类不收录任何有关综合性学科的图书。对综合性学科图书的分类，《中图法》主要采取以下几种处理方式：

(1)设置专门大类。如"X 环境科学、安全科学""P71 海洋学"。

(2)在社会科学总论和自然科学总论之下设立专门类目。如在"C 社会科学总论"之下列出了"C8 统计学""C93 管理学"，在"N 自然科学总论"之下列出了"N91 博物学"

“N94 系统学”。

(3)归入社会科学或自然科学部类某一大类下的总论性或概括性类目。如在“G30 科学研究理论”下列出“科学学”“未来学”，在“TB 一般工业技术”之下列出“TB9 计量学”，在“V 航空、航天”之下列出“空间科学”等。

例如：《统计学基础与实务》入 C8 统计学

《每天读点社会学》入 C91 社会学

2. 关于工具书的分类

本大类“Z1/6”只收涉及许多知识门类的综合性图书，有关不同编制体例的专科性图书仍按学科各入其类。“Z3 辞典”收录涉及许多学科知识的综合性辞典、名词、术语，而研究和学习语言用的普通的和专门的辞典、字典，应归入“H 语言、文字”有关类。图书目录、文摘、索引，不论是综合性的，还是专科性的，一律集中在 Z8 类里。

例如：

《中华人民共和国年鉴》(2013 年版)入 Z52 中国年鉴、年刊。

《中国军事年鉴》(2013 年版)入 E2-54 中国军事年鉴、年刊。

《现代汉语词典》(第六版)入 H164 汉语词典。

《全国工业图书目录》入 Z88：T 工业技术专科目录。

必备知识

综合性图书的综合性主要表现在图书的编制形式上，综合性学科的综合性则表现在学科的内容上，Z 大类只收录综合性图书。

推荐阅读

•[美]安·布莱尔著. 工具书的诞生：近代以前的学术信息管理. 北京：商务印书馆，2014

项目五　掌握图书营销分类的各种方法

【项目情景聚焦】

图书营销分类工作在出版发行企业图书营销管理中具有重要的地位，图书营销分类和图书馆图书分类在分类原理和方法上有很多是相同或相通的，但是图书营销分类又有其明显的专业特征。作为一名出版发行员，要将《中图法》与图书营销分类相结合，在门市陈列和图书销售中灵活运用图书分类。

任务一
熟悉图书营销分类的基础理论

学习目标

知识目标：掌握图书营销分类的基本概念，了解一下图书营销分类的历史和现状。

能力目标：掌握图书营销分类在书店中的重要作用。

工作任务描述

材料一：

2014年对于中国图书零售市场来说是值得欣喜的一年，全国图书销售总额为543亿元左右，其中实体书店销售额占了343亿元，网上书店销售额达到了200亿元。实体书店图书零售市场一改前两年负增长的态势，实现了3.26%的正增长；网上书店渠道继续保持高速增长，出版发行机构对线上零售的重视程度和投入力度也在增强。结合线上与线下两个渠道的全国图书两手市场实现了整体增速10%左右的增长率，这在全球出版业看来也仍旧属于高速发展的国家。

材料二：

2015年7月，国家新闻出版广电总局发布了《2014年新闻出版产业分析报告》，本报告显示，2014年共出版图书44.84万种，同比增长0.9%，其中新版图书25.59万种，增速回落5.8个百分点，近十年首次出现下降；重印、重版图书品种19.25万种，同比增长2.2%。

问题思考

通过上述两个材料，思考一下图书出版发行业的良好发展势头和图书营销分类的关系？

工作任务分解与实施

一、图书营销分类的基本概念

所谓营销，根据著名营销专家菲利普·科特勒的观点，是个人和群体通过创造并同他人交换产品和价值以满足需求和欲望的一种社会和管理过程。图书营销分类，主要是出版发行单位为了促进图书销售、组织卖场图书陈列而对其所经营图书按照一定标准进行分门别类的过程。营销是面向读者的，因此我们在建构书店分类体系时，应充分分析读者的购书心理，研究读者的购买需求及购买行为，注重市场细分，同时还要结合科学分类的原理和方法。

图书零售业态领域是图书营销分类最重要的应用领域，图书零售业态是图书零售企业根据读者对图书(及其他类型出版物)不同的消费需求提供销售和服务的类型化经营形态。长期以来主流的图书零售业态形成于新华书店广泛分布的门市网点，后来又发展出专业书店、读者俱乐部、古旧书店、网上书店等形式。

网络书店又称为电子书店、在线书店、网上书店或虚拟书店，是通过计算机信息网络向上网读者传播图书信息和提供销售服务的新型书店。当前，随着计算机网络的逐渐普及和电子商务的飞速发展，网上书店凭着低廉的价格、海量的图书、强大的图书搜索功能以及送书到户的免费服务等传统实体书店所不具有的优势，受到了越来越多的读者青睐，成为许多读者选书购书的首选，网络书店已经成为图书营销非常重要的方式。

二、图书营销分类在出版发行单位的重要作用

营销分类在书店中起着十分重要的作用。一方面，营销分类能引导和帮助读者选购图书；另一方面，营销分类也是图书零售商实现商品合理陈列及卖场有效管理的重要途径。

1. 营销分类对于读者的作用

在现代社会，随着社会对知识需求的不断增加，每年出版物的增长也是惊人的。各个大大小小书店中的出版物逐年递增，尤其是那些超大型书城，其图书品种通常都在十万以上，甚至数十万。读者迈入这些书城，就有如迈入图书的汪洋大海中，如果没有明确的指引，要想在这片“大海”中找出自己所需的图书，简直就是难上加难。曾经有个实验表明，查找图书的效率与图书的数量之间存在密切关系。当图书种类为50种时，将图书分类排列和随机排列对于查找图书的效率没有任何影响，但随着图书数量的增多，随机排列时的查找效率明显要低于分类排列，且图书数量越多，这一趋势就越明显。由此表明，图书的数量越多，分类越重要。而营销分类的作用正在于此，它根据图书品种本身所具有的某种内在属性，将图书进行分门别类。这样读者畅游在书的海洋中，再也不会觉得无所适从，而会根据自己对所需图书的认识找到其所属的分类牌。因此对于作为出版物展示平台的书店来说，只有建立一套科学而明晰的分类体系，才能方便读者快速有效的查找到自己所需图书。

2. 营销分类对于书店的作用

营销分类对于书店自身同样也具有重要作用。这种作用主要表现在：

(1)营销分类有助于书店进行商品陈列。

图书陈列在书店中是一项重要的经营技术，备受国内外书店经营者的重视。英国一位书店经理就曾指出：“图书零售是所有零售领域中最复杂的一种，书商必须考虑书怎样摆放才更能促进其销售。”图书陈列的关键在于要为顾客提供便利，一方面，要陈

列在读者的视线范围之类，有效的吸引读者的注意；另一方面，也要便于读者挑选，即要求陈列具有关联性、类聚性，为读者提供丰富多样的选择。上述图书陈列的功能其实主要是通过卖场的分类体系来实现的。卖场分类就好比一根指挥棒，指挥着原本零散而无序的图书商品在卖场中各就各位。它提供了一种规则，使各种各样的图书商品能够按照一定规律进行合理的组织与陈列，从而达到方便读者选购的目的。因此，营销分类与图书陈列之间是一种密切相关的正向关系，好的营销分类体系可以促进图书的有效陈列，反之亦然。

(2)营销分类能影响书店的销售

所谓营销分类，顾名思义，必然和营销有着密切的关系。它通过指导卖场的商品陈列，达到促进销售的目的。一部好的卖场分类，不仅能够体现社会热点、读者的需求重点，还能够通过类目关联，促进随机购买，刺激销售。另外，因为营销分类是书店进行商品组织与管理的基础，也是书店直接面向读者的平台，它的科学与否，会无时无刻不影响着读者对书店的忠诚度，从而也就影响到书店的销售业绩。通常，错误的分类会带来以下负面影响：当读者找不到所需图书时，读者对该书店的忠诚度会大打折扣，从而影响书店销售额；当读者不是在正确位置找到书时，例如一本书应该属于化学类，但由于分类体系的不科学或者人为的错误，读者在医学类才找到该书，则读者对书店的信任感也会大大降低；而当一些书由于归类不当，长期摆放在卖场一角而无人问津时，不仅会造成资金积压、空间浪费，而且书店管理人员也会产生对该书的错误判断，认为该书没有市场，同样也会对书店的销售产生负面影响。可见，营销分类与书店的销售业绩息息相关，所以我们在规划书店的营销分类时一定要考虑到各种可以促进销售的因素。

(3)营销分类能方便书店自身的管理

营销分类对于书店的另外一个重要作用在于方便其自身的管理，这可以从以下两个层面来理解。

第一，书店经营的许多环节都离不开分类。

书店在内部管理中也需应用到分类，这套分类通常被称为管理分类。为了保证书店的正常运转以及各项工作的有序高效，书店的管理分类与营销分类大体上应该是相兼容的。换句话说，书店内部的管理分类应该基于卖场营销分类，两者之间存在密切联系。书店在内部经营管理的许多环节都或多或少的与分类发生着联系。书店的信息管理系统是和营销分类发生联系最密切的环节。随着信息技术的发展，书店逐步引进了先进的管理系统，使得书店的管理步入了信息化、智能化的轨道，极大提高了书店的经营效率。书店信息管理系统中必然存在着一套能够方便读者查询书目及书店进行内部管理的分类体系，这套体系如果和书店营销分类不兼容，则会引起卖场管理的混乱，同时也会误导读者，引起读者的不满。笔者曾在一个大型书城的信息管理系统中查找一本有关运筹学的书，查询结果显示该书放在自然科学总论类，而实际上笔者是颇费周折的在数学类中找到该书的。可以想象，类似的事情如果在书店频繁发生，那对书店的经营及销售带来的负面影响是难以估量的。采购环节与营销分类的联系也比较密切。采购主要是依据书店销售数据及全国其他书店的销售行情来进行图书品种的甄选和组织。目前许多书店的采购都是按类别采购，这样采购环节与营销分类就产生了相对应的关系，采购员应该对某类别图书的读者需求及市场趋势有充分的把握，才能够辨别出有效品种。此外，图书分类统计也离不开营销分类。图书分类统计是根据书店内部计划管理和经营管理的需要，对图书流转的各个环节进行分门别类的统计，以便了解存书结构、读者购书倾向以及图书流转情况。图书分类统计往往需要根据卖场的营销分类科学的统计出每种图书的流转情况，它与营销分类之间也存在着密切的联系。

第二，书店的连锁经营离不开分类。

长期以来，我国诞生于计划经济体制下的新华书店处于一种条块分割、单店经营的状态。但近年来，随着图书零售市场竞争的日益激烈，各地新华书店纷纷向连锁经营迈进。书店连锁经营不但需要建立相应的组织结构形式，而且还必须创建规模化、规范化、标准化、科学化的运作方式，使其运行内容与结构形式达到完美的结合，才能使整个书店的经营系统灵活有效的运转。要做到这一点，关键是要建立标准化的书业管理体系。而这种标准化书业管理体系，需要通过系统规范的分类来实现。总店与连锁店、连锁店与连锁店之间只有在分类上相互协调，才能实现管理的规范化，同时也有助于建立一个为各个书店提供互通数据的可操作平台，促进图书数据信息的共享与对接。

3. 营销分类对于上游出版商的作用

在现代书业中，上游出版商及下游零售商之间的合作与交流正日益得到加强。在某种程度上说，双方之间越来越处于同一个信息与利益共享的平台，其目的都在于如何更好地面向市场、满足读者日益多样化和个性化的需求。因此，上游出版商时刻关注着图书零售的动向。由于营销分类是图书零售商组织商品的基础，它反映了零售商的经营重点及经营定位，而该定位也是根据市场的需求不断进行调整的。因此，对于出版商而言，营销分类就宛如市场的晴雨表，指导其出版重点及出版策略的调整。这样，以营销分类为中介，上游出版商及下游零售商之间能够达到很好的互动，两者之间相互协调、相互促进。

三、我国图书营销分类的历史

我国图书营销分类历来都是借助于图书馆建立的图书分类体系，并伴随其发展而变化发展的。我国自20世纪50年代中期开始，即统一以《人大法》为书店图书分类的依据，到了80年代后期，随着“中国标准书号”的实施，书店图书分类逐渐废止《人大法》，改用《中图法》，《中图法》本书已做过详细介绍，它是一部大型综合性图书分类法，具有学科体系性强等特点。但图书零售市场的图书是随着市场需求的变化而不断更新变化的，具有极大的灵活性。完全依照传统的《中图法》很难满足需要。在这种情况下，许多书店都根据自身的特点进行营销分类的调整。但从目前全国各大书店制定的营销分类体系来看，很难有一部非常合理的分类法，既能有效地进行商品组织，方便书店自身管理，又能很好地满足读者查找图书的需求，促进销售业绩的增长。

四、我国图书营销分类的现状

我国图书营销分类的现状就是基本上各自为战，每个书店都有自己一套的分类方法，总结起来，大体有以下四种模式：

1. 采用《中图法》

这种分类方法和图书馆的分类方法一摸一样，将图书分成 22 个基本大类。大类展开程度一般控制到 1-3 级类目，有些书店还对《中图法》有关类目和级别作了适当调整，增设相关类目。书店采用这样的分类方法，具有科学性、系统性和稳定性，适合一些大型规模的综合性图书城。但是如果是中小型书店，这样分类会造成大类过多，专业性过强的问题。

2. 采用自编的图书分类法

有些小型民营书店图书品种较少，服务对象比较单一，书店的经营者就会自己编制自己的分类体系。这种方法的优点就是很方便自己的管理，但是如果书店的经营者专业性不够，就会造成随意性较强、缺乏科学性发展性等弊端。

3. 采用主题陈列，辅以《中图法》

主题陈列就是以事物、对象和问题的主题名称作为聚类标准，根据门市图书的实际情况，确定若干个主题或主题区域的陈列方法。接下来，在主题或者主题区域下再根据《中图法》划分出若干小主题或类目。简单地说，就是大类划定，然后按照《中图法》的规则展开子类。这种模式就比较合适一些小型专业书店，能适应书店销售品种、销量与社会需求的变化。但也存在缺乏系统性，图书陈列欠清晰的缺点。

4. 以《中图法》为主，辅以主题陈列

这种方法基本上都是以《中图法》简表为主，一般根据情况会合并或删减一部分，然后在有关类目中列出某些特色主题、社会热点主题，设立主题书架。号称“中国第一书城”的北京图书大厦采用的就是这个方法，该书城的图书分类体系基本上以《中图法》为基础，类目细分层次一般为 2、3 级，个人的打到 4 级，并辅以主题陈列。如在“医药卫生”类下，设置“饮食宜忌”、“养生长寿”、“营养百科”等主题书架。这种方法既体现了科学性，也能满足读者按主题招书的需求，非常适合大中型书店使用。

综上所述，前两种分类方法要么过于专业，要么过于随意，都不是好的营销分类方法，相对来讲，后两种模式比较适合当今书店的具体情况。因为书店虽然是为读者服务的，讲究经济效应，但是图书资料又是用来记录知识的，分类时要体现科学分类的特性。所以在经济性和科学性两者要做好平衡的关系，所以图书营销分类很难有统一的标准，各家书店经营者只有在充分了解自己店内销售品种的同时，把握好读者的需求和当下时政热点，制定好最适合自己书店的图书营销分类体系。

必备知识

图书营销分类分类对于书店的营销和管理来说都具有十分重要的作用。它有助于书店进行商品陈列，有助于书店扩大销售，有助于书店提高管理效率。一方面，它能指引和方便读者迅速查找图书；另一方面，它也体现了书店的销售策略和经营定位。

推荐阅读

• 何春华，黄凯卿主编.《图书、音像制品、电子出版物营销分类法》实施指南. 深圳：海天出版社，2011

任务二

熟悉图书营销分类的特点以及和普通图书分类的区别

学习目标

知识目标： 掌握图书营销分类的特点，了解一下图书营销分类和普通图书分类的共性。

能力目标： 掌握图书营销分类和普通图书分类的区别点。

工作任务描述

请看一下正文后的的附录一：《中图法》简表（第五版），可以看到有22个一级大类，200多个二级类目。

问题思考

《中图法》简表里面的类目结构清晰，数量也不多，专业性也毋庸置疑，为什么书店一般都不用这个类目表作为对自营图书进行分类呢？

工作任务分解与实施

一、图书营销分类的特点

图书营销分类与图书馆图书分类在分类原理与方法上有很多是相同或相通的，但书店的图书分类又有明显的专业特征。掌握这些特征，对于加强书店图书分类工作具有积极意义。主要表现在以下几个方面：

1. 发挥全民阅读的功能

我国的图书发行工作首先是宣传教育工作。开展"全民阅读"活动，是中央宣传部、中央文明办和新闻出版总署贯彻落实党的十六大关于建设学习型社会要求的一项重要举措。而书店则是全民阅读的一个重要重点。在图书馆，图书分类排架主要供馆内工作人员和一定范围读者检索方便。书店则不然，书店门市的图书实行公开陈列，面向全社会，为广大读者服务。分类恰当与否，是能不能读者找到自己喜爱图书的关键。由于书店的图书分类陈列，以为读者服务为宗旨，并具有明确的促销目的与阅读推广作用，所以书店的图书分类在贯彻思想性、科学性、实用性原则上，有严格的要求。

2. 具备营销功能

书店营销分类，与书业营销有着密切联系，不管它的类目体系如何设置，其最终目的就是要促进销售。书店营销分类的营销功能主要体现在以下几方面：

1)类目安排清晰明了、科学合理，有助于读者查找，从而促进销售。书店营销分类主要用作图书门市陈列，它就相当于“无声的推销员”。如果分类科学、指示明确，读者能够在“书的海洋”中迅速查找到自己所需图书，则一方面读者购书量会增加，另一方面，读者对书店的满意度提升，忠诚度也会随之提高。如果分类不科学，图书归类也不准确，则许多图书可能就会因此而长期无人问津。因为读者在书店中主要还是通过分类牌来查找图书，如果某些类别设置不科学，则会造成该类图书成为无人光顾的死角。对于许多读者来说，时间十分宝贵，他们在查找图书时通常都是快速浏览，在他们的匆匆一瞥中，一些设错类或归错类的图书很容易被错过。另外，如果专业书的分类不科学，专业读者会因此而对书店产生疑问，从而降低他们对书店的信任感。

2)类目设置反映重点学科、社会热点以及当地特色，从而促进销售。书店营销分类的营销功能还体现在要根据读者需求和市场走向来设置类目。对于一些反映社会热点、需求量大、在一定时期内畅销的类别不妨也设置类目。例如目前关于养生的书比较畅销，许多书城就将养生类书单独列出。另外关于当地的优势产业、特色风俗等，也可以在类目中体现出，因为对于这些类别的需求量必然不在少数，设置这些类目符合读者的购买心理，有利于销售。

3)类目设置通过适当关联来促进相关销售。书店营销分类不同于传统图书分类的另一大特色就是它在类目设置时常常会将一些相关联类目相近陈列，从而带动关联销售。书店也大量采用了相关主题相近陈列的方法，目的就是为了带动关联销售。比如很多书店都有家庭生活类主题区，这个区域包含有：妊娠分娩、取名、育儿、菜谱、恋爱、婚姻等类别，这些主题按学科分类都归属好几个大类，这样放在一起的目的就是为了满足读者一次性购买的需求，方便读者选购，同时带动一些偶发性的关联购买。

4)类名本身也可达到促进销售的目的。和传统图书分类不同的是，书店营销分类的类名更加灵活和生动。尤其对于生活类图书，其类名更要求贴近生活、贴近读者，因此，有些类名其本身就具有吸引力，可以吸引读者的眼球，刺激读者的感官体验，从而达到促进销售的目的。有一项实验表明，当顾客在琳琅满目的商场中浏览时，枯燥而不够新意的标识容易使顾客疲倦从而对继续浏览失去兴趣，而那些新鲜而富有刺激性的标识能不断刺激顾客的中枢神经，从而抓住顾客的眼球，使顾客停下匆匆浏览的脚步。我们在生活中也有类似的体验，我们对于生动而有创意的名称总是满怀兴趣。在书店分类中许多类名就因其富有新意而容易引起读者的兴趣，无形中扩大了销售量。比如“吐血推荐”、“不得不看”、“心灵鸡汤”、“神秘世界”等类目名称不仅通俗易懂，而且很容易刺激读者的眼球，引起他们的注意。

以上从四个方面说明了书店营销分类的营销功能，这可以说是书店营销分类最为重要的一个特征，也是它最大的特色。

3. 具有极大的灵活性

和传统图书分类法相比，书店营销分类另外一个重要特征就是具有极大的灵活性。

关于灵活性，我们可以从不同的层面来理解。首先，它的体系结构是相当灵活的"它的类目可以根据图书的情况不断的增加与删减。从性质上说当某一类图书在某个时期成为大家关注的焦点、有很大的市场份额时，可能它的类目就会在相当醒目的位置列出。但随着时间流逝，该主题已不再成为热点或者已不再受读者青睐时，它的类目可能会被撤除。例如 2008 年北京奥运会召开之际时，各大书城纷纷列出“奥运专架”，在当时这样做可以说是经济效益与社会效益双丰收。但现在 2008 年奥运会已经完美闭幕，已不再成为社会热点，而关于奥运会的出版物少而又少，这个时候许多书城又纷纷撤销这个主题。而传统的图书分类尽管也比较注重类目的容纳性和可扩充性，但从整体上而言，它的体系还是十分稳定的，基本上是与当今的学科体系相对应，同时再结合图书资料的某些特征。其次，零售书业分类关于类目的安排以及级次的确定也具有灵活性。传统图书分类是严格按照学科体系对图书资料进行层层划分，某类图书属于哪一级次，在分类法中处于一个什么样的位置基本上是已经确定的。但零售书业营销分类则不然。它可以根据图书的品种、市场需求及销售情况来确定类目级次。品种少、需求不大的图书可能会被并入其上位类，而品种很多、热销的图书在分类法中的级次相应的会得到提升。例如关于励志类图书，这类书在《中图法》要分到“B848.4”中，级别非常低。但近几年，励志类图书越来越成为社会热点，品种相当丰富，仅当当网上就有 7500 多种励志类图书。需求者众，许多书店励志类专柜前常常是人头攒动。针对这些情况，许多书城纷纷将励志类的类目级次提高，将其提为二级或者三级类目。当当网上书店甚至将励志类作为一级类目，与文学、少儿等传统大类并列。

4. 要求分类简便易行

图书馆设有编目组，有经过专业训练的人负责图书分类工作。他们具有丰富的图书分类知识和熟练的技能，有充分的时间从事图书分类工作。他们在具体进行这项工作时，都有一个相当严谨的工作过程，有一整套从“查重”、“辨类”、“归类”、“编号”到“审核”的图书分类工作程序。书店图书分类应用于工作的每个环节和部门，具有广泛的群众参与性。这就需要图书发行人员都要掌握和使用图书分类法，做好图书发行工作。书店门市的图书分类均由营业员兼管，而且要在收书后的很短时间内分类上架，让图书与读者见面，并以读者能否清楚明了地选购图书，为读者购书提供方便为准。书店的图书分类工作，就要适应这个特征，分类表上类目不要过繁，分类方法要简便易行，使每一个图书发行员、库管员、统计员都能掌握和使用。

以上我们通过比较传统的图书分类法和书店营销分类，了解了书店营销分类的一些特征。正是由于它具备这些特征，所以我们在对书店营销分类体系类目进行安排、类名进行选择、类号进行设置时就应该遵循与之相适应的一些原则，只有这样，才能建立一个合理的书店营销分类体系。

二、图书营销分类和传统图书分类的比较

1. 图书营销分类和传统图书分类的共性

图书营销分类与传统图书分类都是以科学分类为基础的，因而在某种程度上具有一定共性，这种共性主要体现在：

1)都具备一定科学性

科学性是传统图书分类最基本的特性。传统图书分类法主要是在科学分类的基础上，按照学科之间内在联系和相互关系，结合图书资料自身的特点编排而成。可以说，它正确的反映了学科知识体系的概貌和基本发展脉络，体现了科学知识的客观性和动态性。一方面，它把握了学科、事物的本质属性及事物发展变化的客观规律；另一方面，它分析归纳这些属性及规律，提炼出一个个的概念单元，并按照一定规律合理的将这些概念单元有效的组织成一个有机的体系。同时，它还适应了图书资料的特点，符合读者的检索习惯，能较好的满足读者的检索要求。而书店的营销分类尽管不需要严谨而完整的体现整个学科体系，但它也需要遵循科学分类的原则，根据出版物市场的实际情况，反映出基本的学科脉络，这样才能符合读者的认知习惯和认知体系，方便读者检索。可见，它也体现了一定的科学性原则。

2)都体现了实用原则

我们前面已经谈到，无论是美国国会图书馆分类法，还是杜威十进分类法，还是冒号分类法，在其编制指导思想中都出其一致的提到不追求理论上的完整体系，只是从实用的观点来设法解决一个个实际问题。可见，大多数的传统图书分类法比较提倡实用的原则。这是因为传统图书分类法是用来类分图书资料的一种工具，它的价值最终是要体现在能有效的指导图书资料的分门别类上。而书店的营销分类，一方面要面向读者方便读者选书，另一方面也要方便书店自身的管理，因此它对实用性的要求更高。书店只有根据市场的需求，在体系设置、类目安排、类名选择上符合实际的需要、符合读者的需求，才能创造更大的经济效益。

3)分类与主题相结合

体系分类法有个基本的矛盾：集中与分散的矛盾。其产生的基本原因在于：客观世界中具有某一共同属性的各种事物可能构成一类；而每一事物具有多种属性，因此它既可与具有这一属性的一些事物构成一类，也可与具有另一属性的某些事物构成一类。也就是说，一事物可以加入许多类，包括到许多主题范畴内，这就是事物的多向成族性质。但是，按照传统体系分类法层层划分、层层隶属的原则，在分类表中某一事物往往只有一个与之相对应的位置，这就不利于从多个角度来揭示事物的属性及特征。为了突破这一瓶颈，现代分类法出现了向主题分类一体化发展的趋势，等级体系分类法中也越来越多的引入了分面组配的因素。分类与主题这两种不同的情报检索方法，正在以不同方式相互融合在一起。现在很多图书馆也会采用部分主题陈列的方法，比如：“新书推荐”、“英语考级”、“考研托福”等。与之相比，图书营销分类，可以说是在基本的学科分类外，大量的采用了主题分类的方法。这也是由图书营销分类的特点所决定的。图书营销分类的宗旨就是要方便读者查找图书，以提高销售额。因此，必然会围绕读者需求、根据市场热点，将一些普遍受读者欢迎的市场热销图书按主题在分类表中的醒目位置标出。上海书城的主题展示区就做得非常有特色。比如：在莫言获得诺贝尔文学奖后，几乎所有的书店都设置了莫言文学作品专架。这种做法一方面体现了商家的经营理念，另一方面也契合了读者的购买心理，能指引读者消费，不断创造新的商机。

4)都注重类目的容纳性和扩充性

不管是传统的图书分类法，还是图书营销分类都十分注重类目的容纳性和扩充性。传统的图书分类体系虽然具有一定的稳定性，但也是一个开放的动态系统。随着学科体系的发展，人们对知识认知的不断变化，它必须不断改变自己的系统结构，尽可能容纳更多的反映新学科、新事物的类目。因此，传统图书分类法在编排体系及标记符号的设置上特别注意其容纳性和扩充性。例如，《中图法》在部分类目设置时就采用了八分法，即 1-8、91-98 属于同位类。采用这种编号方式，使得类列具有无限扩充的可能性。图书营销分类也不例外。为了根据出版物市场的情况以及读者需求和书店自身经营定位的不断变化来增加类目，图书营销分类也必须具有一定的可扩展性。一方面，在类名的设置上要尽量科学，具有一定的包容性。另一方面，在类号设置时，也要为新学科新事物的发展预留一定空位。为了解决这一问题，许多书店在编号时都采用双位制的方法。

2. 图书营销分类和传统图书分类的区别

当然有与经营的方式和面对的对象的不同，图书营销分类和图书馆传统图书分类也有很大的不同，具体表现在：

1)分类系统的成熟度和统一度不同

图书馆的分类体系相对来说比较成熟，经历了古代七分法和四分法的漫长历史后，又把西方的分类思想融入自己的体系中，不断成熟和发展的《中图法》，各种技术标准和分类规则也制定的较为详细。同时，我国几乎所有的图书馆都采用《中图法》。形势比较统一，每本书都有其固定的分类号，这就给资源共享和馆际交流提供了便利条件。

而书店的营销分类体系却没有固定的标准，也无法统一起来，往往是根据各自经营的品种规模、读者对象、地区等因素确定类目层次，组织自家的分类体系。这就容易造成读者没到一个新的书店都要适应这个书店的分类体系，同一本书在不同的书店分的类别常常会不一样。

2)图书分类的最小单位不同

图书馆中的图书分类的最小单位是具体的一本书，为了方便读者借阅，在给予分类号的基础上还要追加索书号，用以区别同一类目的不同图书，这样就能固定这个书的具体位置。读者和工作人员都可以通过这个号码找到这本图书。

而书店的图书因为流动性较大，不可能每本书都固定一个号码，所以分类的最小单位不是具体的某一本书，一般情况下都是一个书架的名城，书店的工作人员就知道这本书应该上架到那个书架，读者通过检索系统找到最小单位书架名，就可以找到这个书架再在书架上找寻这本图书。这是两者非常大的一个区别。

3)分类体系的完备程度不同

图书馆的分类体系较为完备，有专门的标记符号，每一个号码就代表着某一类图书，比如：G254.1 就代表图书分类法方面的图书，而且各个类目间从属关系、并列关系、交叉关系明确，同时中图分类号又具有表达性、扩充性和容纳性，能方便工作人员进行管理，这样它的漏洞和重复现象就大大减少。

书店的分类体系因为没有固定的格式和标准，随机制定，没有专门的标记符号。

分类处于汉字识别的阶段，登记起来也很麻烦。同时它的类目之间的关系也比较混乱，重复现象严重。比如：某书店把传记分到了文学的下面，传记又分为古代人物传记、当代人物传记和名人传记。这样做的初衷是把畅销图书独立出来，但是类目体系就显得很混乱。

必备知识

传统图书营销分类与传统图书分类法在分类原理及方法上有许多相通之处。它们都体现了逻辑划分的原理，都具备一定的科学性，都体现了实用的原则，都体现了主题与分类相结合的趋势，都注重类目的容纳性与扩充性。但图书营销分类因其服务对象及适用范围不同，也形成了与传统图书分类法所不同的特点，如体系较粗略、很难形成一部统一的分类法、类目具有很大的灵活性、具有营销功能等。正是图书营销分类所具备的这些特征，决定了它在编制原则及方法上的不同。

推荐阅读

- 王建强编著．中国实用书店陈列分类表大全．北京：中国书籍出版社，2003

任务三

熟悉图书营销分类体系的相关知识

学习目标

知识目标： 熟悉图书营销分类系统的特点，掌握制定图书营销分类表的基本方法。

能力目标： 熟悉图书营销分类的基本步骤，看看和普通图书分类步骤有何不同。

工作任务描述

您在大学城刚刚盘下一个50平方米的临街门面，店里最多能放下5000册图书。在周边有好几所大中专院校，学生人数达到了3万人。

问题思考

1. 如果你要在这个店面开一家专业考试书店，请问怎么设计店面的图书分类体系？

2. 写出该体系中所要使用的基本大类。

工作任务分解与实施

图书分类是运用一定的图书分类体系(图书分类表)，依据图书的某种属性或特征，将其进行分组、排列，以方便人们按系统管理和利用图书的一门技术。因此，图书分类广泛应用于书店、出版社、图书馆、情报所、档案馆等以图书文献为工作对象的部门。但是，由于各个部门的工作性质、任务不同，对图书分类的要求也不一样。

一、图书营销分类体系的特点

从前面的任务内容中，我们得知，当今图书营销分类体系都或多或少的收到《中图法》的影响，但是基本上没有书店完全照搬《中图法》，还必须照顾自身的特点，考虑读者购书的习惯，以符合书店图书分类的实际需要。

首先，书店图书分类体系比较粗略。而《中图法》非常讲究其体系的完备性和详尽性，它通常是按照逻辑划分的原理，对整个学科体系进行层层划分，并且要尽量详尽的罗列出所有可能的子类。因而传统图书分类法结构复杂，体系臃肿。与之相比，图书营销分类体系就显得比较粗略。一般的大型书店只需分到三级至多四级类目，一些专业书店也只分到四级或五级即可。

但所谓类目的级次也不是绝对的，通常应由该类图书的数量及学科体系而定。当某类图书的学科体系本来就十分庞杂，而出版物数量又较多时，相应的可以对之稍以细分；反之，则类目可以更加粗略一些。之所以如此，不外乎以下几条理由。首先，零售书业是进行出版物零售的场所，其陈列的图书一般都是刚刚出版或者出版时间不长的图书，一般超大型书城陈列的品种可能为十几二十万，中等书城一般就几万品种，而某些小型书店甚至才几千数百个品种。这和图书情报机构动辄几十上百万的藏书量相比，简直就是小巫见大巫。因此书店不必要对图书进行过细的分类。其次，零售书业的营销分类主要是用来进行图书门市陈列的，它在卖场中通常要通过悬挂的分类牌体现出来，如果分类过细，分类牌过多，则人为的对卖场空间进行了过多分割，读者在卖场中浏览图书时反而在认知上会受到许多干扰，增加读者找书难度。况且书店的读者层次不一，分类体系过于复杂，也不利于读者理解。再次，零售书业图书分类还应该方便管理。书店图书流动频繁，品种时多时少，为了加快图书流转，提高经营效率，图书必须在极短的时间内上架，简单明了、方便易行的分类便于提高工作效率。最后，现在边缘学科、交叉学科不断涌现，学科之间的界限逐渐模糊，再加上不少图书的选题本来就涉及十分复杂的主题，因此如果卖场分类过于细致，则也提高了图书归类的难度，对于许多图书，根本就无法将其归入一个合适的类别。可见，书店应该根据自身的规模、经营定位以及读者对象的构成，结合出版物的实际情况，确定适当的类目级别，制定一部行之有效的分类法。

其次，书店很难建立一个统一的图书营销分类分类体系。

图书营销分类一方面有基本的脉络可循，另一方面也具有非常个性化的一面，各个书店根据自己的经营定位与特色、所处地域以及规模大小可能都会设置不尽相同的分类体系。从规模上说，大中、小型书店因品种数不同、经营定位不同，对类目的详细及完备程度要求也不一样。大型书城因为品种较多，要求的分类体系更加完备而详细，而小型书店只要围绕自己的经营品种和特色分类即可。很多规模较小的书店甚至没有学科分类，完全按出版社或者作者来分。

从性质上说，综合性书店和专业性书店对分类的要求也不一样。综合性书店要建构一个相对完整的体系，而专业性书店由于其仅经营某一或某几个学科图书，并且通常在其经营领域内的品种十分齐全，因此它不求完备的分类体系，但是对经营范围内图书的细分专指度要求较高。如龙之媒广告书店将图书分为广告、设计、营销、传媒、杂志、数据与报告、特色分类等七大类，每大类下又分有若干小类。另外，不同地域内书店的分类也会有所不同。因为不同地域书店的经营特色、读者对象会有所不同，其分类体系也必然会反映这些差异。即算是同一城市的书店，由于其所处的地段不同，它的经营重点也会有所不同，分类体系也会有些差异。譬如坐落于科技区的书店可能将科技类书作为其经营重点与特色，对科技类的分类必然会加强；而坐落于文教区的书店可能在教育和文化类类目设置上会体现自己的特色。可见，零售书业是很难建立一个统一的分类体系的。而传统的图书分类则不然。传统的图书分类基本上可以建立一个较统一的分类体系，各个文献情报单位再根据自己的特点予以采用。

综上所述，书店图书分类体系虽然来源于图书馆，并利用图书馆图书分类体系的成果，但两者却有很大的差异。这主要是因为图书在书店里不仅具有图书本身的属性，而且还具有一般商品的属性，书店各个环节的工作都必须遵循商品流通规律办事，讲究一定的经济效益。因此，图书分类体系也要受到相应的制约。比较而言，书店图书分类体系表现出更大的灵活性和实用性，具有鲜明的特色。

二、图书营销分类体系的制定原则

长期以来，书店图书分类主要借助于图书馆建立的图书分类体系。这种分类自有它的合理性，然而图书市场上读者存在多、散、杂、匿的特点，大多数读者不可能掌握显得深奥的图书馆分类体系。

1. 根据经营特点、品种规模、读者对象、地区情况等确定类目层次，组织自家的分类体系，大类的设置一般都要参考《中图法》。书店有综合和专业的区分，有大和小的不同。对于一个陈列五六万种图书的大书城来说，粗粗十来个类别显然不敷使用。南宁书城开张后，将图书类别增加了近1/3，这种精细自然有利于节约读者时间。而对那些小书店，细分就显得琐碎，也影响书架的美观。专业书店因其专业性，类目的深度相对大得多，甚至达到四级，从而便于读者按图索骥。地区上的差别也往往使分类显示出特性，如桂林市、黄山市等地的书店均把旅游类书特别挑出来，单独列类，这显然是有意打着旅游城市的招牌，促进该类图书的销售。

2. 根据销售情况调整类目的级别。比如英语读物、教辅图书在中图法中属于三级类目，绝大多数书店都把它作为一级类目对待，原因是这两类书进货量大，销售码洋可观，作为大类标识既可达到醒目的效果，也有利于对其进行细分。如某市新华书店将英语类图书，按内容、用途、考试级别、不同阅读水平等角度进一步细分，便于读者找书时对号入座。那些品种较少的科技图书，虽在中图法中有着较高层次的类别，在书店的书架上却降格为子目，或几类笼统地归为一类，与此同时，将销量大的计算机类书上调为一级类目。这种以销量多寡确定类目级别的做法，显然与图书馆分类法追求知识体系的完整有着本质上的不同。

3. 类名的设置使读者更容易理解。标引在书架上的类名，可帮助读者找到所需图书的具体位置，因此类名是否通俗易懂、简单明了，直接关系到读者找书的效率，进而影响到书店的销售业绩。当前不少大一些书店的标引牌上设有如心理自助类、婴幼儿养育类、家用电器维修类、教辅类、女性读物类、亲子读物类等类别，这些类名虽不见于《中图法》，却易为一般大众读者所接受，所以被书店广泛采用。

4. 确立以陈列宣传为中心的分类原则。随着经营条件和环境的改善，越来越多的书店开始实行超市管理，读者购书是自我服务，因此搞好陈列宣传越来越重要。为了突出陈列宣传的导向性，很多书店把体现自己书店特色的类别或畅销书单独列类，摆放在显眼的位置上，以突出推荐作用。为了增加某些多主题图书的陈列机会，书店往往采用多重分类的方式，如《老照片》，既是图画类，又是历史类，还是纪实类，三处陈列摆放，销售实绩可观。对丛书的处理也采用集中归类和分散归类并行的办法。

5. 结合主题进行分类。书店在推销图书过程中，先确立主题，再结合主题划分分类区域。这种做法很能体现商家的营销理念，既显示自己的服务特点，又能在服务中指引读者消费，创造新的商机。如北京图书大厦的生活类图书原来放在三层，与文艺书在一起，后来调整到四层，与科技书在一起，主题定为“提倡科学的生活理念”，令人有耳目一新之感。

6. 在求新、求变中把握读者心理。图书分类虽有章法可循，却无程式可依。商家往往有自己的商业理念，并以此划定分类区域。因此，分类有时并不特别讲究类名的准确，而希望追求“新”与“变”的特质，给读者留下深刻的印象。比如某市书城也将一层的图书划为应用生活、趣味读物、畅销书三大块，其中趣味读物涵盖的类别相当宽泛，包括通俗政治读物、婴幼儿养育、建筑人文、动物、心理学等诸多门类。在书城的经营者看，把这些有趣图书放在一楼，有助于留住读者的脚步，吸引他们购书。

可以看出，当前书店的图书分类，无论是类目的设置，类名的确立，还是分类体系的组织，都有着与以往不同的新特点，个性化特征愈加明显，实用性方面也更加贴近读者的需求。尤为值得注意的是，书店在图书分类的实践当中，营销意识逐渐强化，营销理念日益明晰。这种变化是可喜的，也是值得肯定的。

三、类目详细程度处理办法

通过以上方法，对分类表类目进行调整，确定它的详略程度，使之符合本单位的实际需要。

制定书店图书分类表，不要破坏原分类体系，即不能打乱《中图法》的结构体系，类目尽可能在原来基础上调整，避免太大的改动。要紧密结合书店的实际情况，坚持书多则详分、书少则简分的原则。此外，还要考虑读者的购书习惯，设置类目。

必备知识

制定图书营销分类系统是一个书店启动的第一步，也是非常重要的一部，你的分类体系决定了你书架的摆放，采购各类图书的数量，它是否科学决定了你的书店的未来。

当然图书分类体系制定以后，不可能一成不变，要根据自己的销售情况和读者需求进行调整。但是修改不能太多，一般情况下不会动整个的大框架(基本大类)，只会在小类中进行增减，这也保证了图书分类系统的稳定性。

推荐阅读

• 王建强编著．中国出版物营销分类方法．北京：中国书籍出版社，2005

任务四

掌握综合性书店图书营销分类方法

学习目标

知识目标：掌握图书营销分类的工作程序，了解一下综合性书店的基本特点。

能力目标：掌握综合性书店图书营销分类方法。

工作任务描述

你是一名综合性书店的图书编目工作人员，书店近期采购了一批图书，下面是图书的部分清单。

《房地产价格评估》　　《匆匆那年》(九夜茴著)

《白话孙子兵法》　　《两性浅说》

《篮球战术详解》　　《孔乙己》(英汉对照)

《钱学森传》　　《WORD 2010 入门与提高》

《食疗大全》　　《化妆与护肤》

问题思考

将上述图书按照《中图法》分类到相应书架中，请写出三级类目名(书架名)和最终中图分类号。

工作任务分解与实施

一、图书营销分类工作程序

图书营销分类工作程序和传统的图书分类步骤，有很多相同之处，但是第一步是它们的主要区别。一般来说，需要按以下程序进行：一、选择与熟悉分类法；二、分析图书内容；三、归类、给号。

1. 选择与熟悉分类法

图书分类法是图书分类人员用来类分图书、组织图书的一种工具。图书分类工作就是依据分类法来进行的。因此，在进行图书分类之前，必须选择好一部适合本单位情况的图书分类法。分类法一经确定使用，就要做到相对稳定，不宜轻易变动。因为更换一次分类法的工作量是相当大的，同时还要影响其他方面工作的开展。所以选择时一定要特别慎重。在没有确定统一的分类法之前，图书分类法的选择就成为一件根本的大事。

就书店情况来看，书店图书分类的依据一般都是依据《中图法》。但是，即使统一选定了分类法，对于已采用的分类法使用到哪一级类目，以及如何掌握分类的粗细、类目设置等问题，也还需要根据各个书店的具体情况，慎重研究并做出决定。一般来说，需要注意以下几个问题。

1)书店的类型。是综合性书店，还是专业性书店?

2)书店的规模。是大型书店，还是中、小型书店?

3)经营图书的品种。是包括所有主题领域的，还是侧重于某一特定专业领域?是只有中文图书，还是兼营外文图书?

4)图书商品的形态。是只有图书，还是包括期刊、录音带、录像带、光盘、电子出版物?

5)图书销售的方式。是开架式，还是闭架式，还是部分开架式?

6)读者服务对象。是工农大众，还是知识分子?是大中专学生，还是少儿读者，还是少数民族读者?

7)所在地区的经济、文化特点。是城市，还是农村?是工矿区，还是文化教育区，还是商业区?

选定分类法以后，接着就要熟悉分类法，掌握分类法的体系结构。熟悉不熟悉分类法，是能否做到分类正确和能否提高工作效率的关键，是分类人员必须掌握的基本功。因此，要组织他们进行认真的学习。其次要阅读它的类目表，了解分类体系的内容、类目的含义和各个类目之间的关系与区别，从而明确哪种书应该归入哪个类；再次要了解分类号码的编制方法，为正确给号打下基础。这样才能较熟练地运用这部分类法，提高实际分书的工作效率。

二、综合性书店的营销分类方法

综合性书店是指那些销售所有知识门类图书的书店，学科范围既包含社会科学也包含自然科学。一般情况下综合性书店都是大中型书店，图书册数一般超过 1 万册。新华书店就是一个典型的综合性书店。

1. 综合性书店的基本特点

1)读者对象一般是广大人民群众。很多综合性书店都是公办的大型书店，他们一般地理位置优越、经营面积较大、有一定的政策保护，所以书店的目的是为广大读者其直接的宣传教育作用。

2)综合性书店由于涉及图书学科众多，营销分类体系的基本大类一般大于 10 个。一般情况下综合性书店是是参考《中图法》的 22 个大类设置基本大类的，有些学科书店没有经营就进行删除，有几个大类的图书册数较少，可以考虑进行合并。

3)分类时要求类目广度全面概括，类目深度深入细致。这样，能使读者感到门类齐全，内容丰富，有吸引力，同时也方便读者找书。

2. 综合性书店类目等级设置

在分类时，属种关系的各个类目可分为若干等级，如一级类目、二级类目、三级类目、四级类目等，也可被称为：大类(基本大类)、小类、子目、细目等。书店的分类表，一般情况大型综合性书店一般分到三到四级，中小型综合性书店一般分到二到三级。

例如：

《周恩来传》历史地理⇒人物传记⇒中国人物传记⇒中国政治人物传记。

《追风筝的人》文学⇒美国文学⇒美国小说作品⇒美国现代小说作品。

必备知识

综合性书店的图书营销分类体系和《中图法》的体系非常相似，甚至有些超大型综合性书店的图书分类体系基本上就是《中图法》去掉三级以上目录后的类目表，也就是只包含一级、二级、三级类目。所以有了“项目四”章节的学习，这部分分类方法还是比较容易掌握的。不过，特别要注意的是最终类目等级的选择，必须严格按照层次进行类推，不能跳级也不能拖级。

推荐阅读

• 田原著. 书店之美：典藏版. 北京：金城出版社，2014

任务五

掌握专业性书店图书营销分类方法

学习目标

知识目标：了解一下专业性书店的基本特点。

能力目标：掌握专业性书店图书营销分类方法。

工作任务描述

你是一名专业性书店的图书编目工作人员，书店近期采购了一批图书，下面是图书的部分清单。

《加拿大移民法》　　《秦始皇陵兵马俑研究》

《细菌的呼吸和光合作用》　　《中医外科学》

《工程塑形力学》　　《机床的数字控制论》

《空调的使用与维护》　　《晶体管电路》

《DOS使用技巧》　　《印刷技术》

问题思考

将上述图书按照《中图法》分类到相应书架中，请写出四级类目名(书架名)和最终中图分类号。

工作任务分解与实施

专业性书店是指那些只销售某几个学科范围图书的书店。一般情况下专业性书店都是中小型书店，图书册数一般不到1万册，各类考试书店就是最为常见的专业性书店。

一、专业性书店的基本特点

1)读者对象一般是都是需要某个专业图书的读者。很多专业性书店服务对象非常单一，比如考试书店服务对象就是考生，少儿书店服务对象就是少年儿童，他们经营品种较少。

2)专业性书店涉及图书学科的较少，营销分类体系的基本大类一般少于10个。一般情况下专业性书店自己选定基本大类，然后子类的划分才参考《中图法》的设置。因为这是它的主营品种，通过中图法进行划分能体现出专业性。

3)分类表的类目设置要有地区特色。例如，设在工业区的门市部，应以与本地区工业布局相适应的应用技术图书为重点，突出相关门类。对这些门类的图书，分类要细。农村书店门市的类目安排，要充分考虑当地的政治、经济、文化特点，尤其要突出适合农村广大读者需要的农业技术类图书的类目设置。

二、专业性书店类目等级设置

专业门市读者对象明确、水平不一，需要不同层次的专业图书，其备货较综合门市中的同类图书更为丰富、全面。这就要求图书分类在类目深度上要细，一般要分到四级，有些类别的图书，根据销售情况要求分到五级。

例如：

《牛津高阶英汉双解词典》语言文字⇒常用外语⇒英语⇒英语词典。

《PHP 和 Mysql Web 开发》工业技术⇒自动化计算机⇒计算机⇒计算机软件⇒计算机编程语言。

必备知识

从性质上说，综合性书店和专门性书店对分类的要求也不一样。综合性书店要建构一个相对完整的体系，而专门性书店由于其仅经营某一或某几个学科图书，并且通常在其经营领域内的品种十分齐全，因此它不求完备的分类体系，但是对经营范围内图书的细分专指度要求较高。

推荐阅读

• 雅倩编. 中国独立书店漫游指南. 北京：金城出版社，2013

任务六

掌握网上书店图书营销分类相关知识

学习目标

知识目标：了解网上书店的优势和劣势，熟悉网上书店营销分类体系的特点。

能力目标：能够构建出分到二级类目的网上书店营销分析体系；给你一个科学的网上书店分类体系，你要会熟练地进行图书分类。

工作任务描述

北京图书大厦网络书店是唯一负责网上销售北京图书大厦正版图书的门户网站。于1999年3月9日开通。它依托北京图书大厦的国内、国外版图书经营的品种实力，云集了全国500多家出版单位出版的30多万种图书、音像制品和电子出版物，充分展示我国出版发行风貌。并且拥有安全、快捷的网上支付方式。下面是北京图书大厦网络书店的分类体系：

一级类目	二级类目
政治	党和国家领导人著作、“三个代表”重要思想、马恩列斯著作及理论、毛泽东著作及理论、邓小平著作及理论、中国政治、政治理论、国家行政管理、世界政治、党史党建、外交、国际关系
人物传记	军事人物传记、中国当代人物传记、中国近现代人物传记、中国古代人物传记、外国政治人物传记、外国人物传记、文学人物传记
历史	历史纪实、中国当代史、中国近现代史、中国古代史、文物考古、史学理论、文化史、史料典籍、历史工具书、地方史志、中国历史知识读物、世界历史、世界历史知识读物
文化	古代文明、世界奥秘、地域文化、中国文化、国际文化、茶文化、酒文化、文化理论、信息与传播、媒介与传播、新闻、广播电视、电视节目、出版发行、档案、文秘、图书馆学、民族文化、民俗
军事	中外战争纪实、军事谋略、军事技术、外国军事、军事理论
心理励志	心理学、心理学知识读物、性格解析、成功学、人生哲学
宗教	道教、佛教、其他宗教

续表

一级类目	二级类目
哲学/社科	西方哲学、马克思主义哲学、中国古代哲学、中国近现代哲学、周易、伦理学、美学、逻辑学、社科工具书、社会科学总论、社会学、社会保障、公共关系、名人名言、社科知识读物、求职就业、社会文化、社会纪实、人口学、口才学、社交礼仪、姓氏研究
旅游	中国地图、世界地图、北京地图、中国分省地图、中国交通地图、精品挂图中国旅游、世界旅游、地理、旅游教材
法律	国际法、法学理论、世界各国法律、法律释义、法律汇编、诉讼法、自然资源与环境保护法、行政法、宪法、刑法、司法制度、司法案例、知识产权、民法、法律工具书、劳动保障法、法律知识读物、合同法、商法、公司法、经济法、金融法、法律单行本、法律教材、律师业务用书
投资理财	上市公司、证券交易、理财、期货交易、股票、投资基金、投资、保险
经营管理	人力资源管理、薪酬绩效、企业培训、员工管理、项目管理、物流管理、企业质量管理、咨询管理、公司管理、经济写作、企业制度、中小企业管理
经济	企业管理模式、创业、企业文化、企业管理理论、企业管理、原版影印、电子商务、商务管理、管理信息系统、饭店管理、房地产、物业管理、管理者必读、管理学、组织学、主管实务、职业经理人、领导艺术、经济分支科学、经济理论、经济学术著作、经济史、农业经济、政治经济学、西方经济学、产业经济、旅游经济、区域经济、城市经济、世界经济
财务会计	中国经济、统计、审计、财务会计、管理会计、成本会计、会计实务、各部门会计、会计准则、会计基础、财务管理实务、财务管理理论、会计电算化
贸易金融	资产评估、财政、税收、货币、外汇、银行、信用管理、金融、贸易
市场营销	销售技巧、推销员必读、市场营销理论、各行业营销、市场营销、派力营销、店铺经营、连锁经营、策划、品牌管理、客户服务、广告用书、企业案例、企业家丛书、经商读物
考试用书	党政领导干部考试用书、公务员考试用书、司法考试用书、导游用书、注册会计师考试用书、会计职称考试用书、证券从业考试用书、会计从业考试用书、注册税务师考试用书、基金从业考试用书、招标师考试用书、报关员考试用书、注册资产评估师考试用书、农村信用社考试用书、计算机认证与考试、建筑考试用书、医学教材及考试用书
小说	悬疑、职场、官场、幻想、名著、流行、名家、当代、武侠、历史、诗歌、军事
文学/青春	散文、文学理论、文学史、纪实文学、作家文集、民间文学、名人写真、流行笑话、漫画、青春文学、人物传记

续表

一级类目	二级类目
书法/绘画	连环画、绘画技法、绘画赏析、动漫技法、书法入门、碑帖赏析、书法工具书、书法理论、黑板报美术字设计
音乐	乐谱曲谱、音乐理论、歌曲、音乐典藏
艺术	艺术理论、艺术史、平面设计、雕塑、戏剧、民间工艺美术、舞蹈、摄影、影视理论、电影赏析
外语	英汉，汉英，全英读物、英语自学教材、英语词汇、英语语法、英语语言学、英语口语，听力、各行业英语、大学英语类、社会英语考试、出国留学考试
其他语言	法语、德语、俄语、西班牙语、意大利语、日语、韩语、其他语言
汉语	汉语语言学、地方语言、外国人学汉语、写作
高等教育	考研考博、高等数理化
成人考试教育	成人高考、自学考试
教育学	教育理论、家庭教育、学习方法、教案、中专教材、幼师
工具书	中文工具书、英文工具书、中小学工具书
工业	一般工业技术、电工技术、航空、航天、金属学、金属工艺、能源、动力工程、机械、仪表工业、冶金工业、化学工业、轻工业、手工业、石油、天然气、矿业工程、标准规范、环境科学、水利工程、安全科学、交通运输、汽车工程
计算机	计算机软件、硬件及维护、数据库、操作系统、多媒体技术、网络技术与网页设计、通信技术及手机、电脑应用与办公软件、计算机语言及程序设计
建筑	工程概预算、园林、景观、绿化、市政工程、建筑工程、制冷技术、家装
农业	农业
医药	中国医学、临床医学、药学、医学挂图、医学模型、基础医学
科普	科普、自然、生物
生活	收藏鉴赏、菜谱、美容美发、服装服饰、生活常识、宠物、植物、体育、文体、孕产妇、育儿、常见病、男性、女性、中老年、大众健康、饮食调养、图片、画片、精装覆膜挂图、地球仪

问题思考

试着用北京图书大厦网络书店的分类体系对下述图书进行分类，给出所属的二级类目。

《红高粱家族》(莫言著)　　《物流配送中心设计》

《工程技术人才观》　　《珍珠奶茶的诱惑》(浙江少儿出版社)

《现代交通运输概论》　　《资本论》(马克思著)

《倒序现代汉语词典》　　《电工基础》

《药理学》　　《实用英语语法》

工作任务分解与实施

网上书店，又称为网络书店、电子书店、虚拟书店或在线书店，是通过计算机信息网络向网络读者传播图书信息和提供销售服务的新型书店。

一、网上书店的优势和劣势

1. 综观国内网上书店，具有以下优势

1)数量多，品种全。网上书店经营图书的数量之多、品种之全，是令许多传统书店望尘莫及的。另外，网上书店除了在版新书外，还有以前出版的图书及古旧图书等。

2)冲破时空局限将时间延长至无限。网上书店极大地拓展了图书采购的地域限制，采购人员可漫游任何地域的任何一家书店，无论是国内网上书店还是国外网上书店，只要输入其网址，就可进入，采购所需要的图书。此外，网上书店打破了传统购书在时间上的限制，它们提供全天 24 小时的不间断服务，使采购图书随时都可以进行。

3)提供增值服务。网上书店充分发挥其网络优势，多数网上书店都提供了多种多样的服务，如新书推荐、畅销书排行、读者评论、作者访谈、专家点评等诸多栏目，使读者既可以全方位地把握图书信息，又可以进行在线讨论，交流心得。能为用户提供一个与书店进行直接沟通、相互联系的优越条件，是网上书店的一大特色。还有的网上书店提供跟踪服务，当读者在某书店有过一次购买行为后，它就会根据记录，在读者下次再登录该书店时，为其提供专门设计的"推荐书目"。

4)提供便捷的检索方式。网上书店提供了多种检索途径，其中有分类检索。多数网上书店都有自己的一套分类方法，大类类目和细分次均各不相同，只有少数几家网上书店，如北京图书大厦采用了《中图法》的大类分类方法。另外，用户还可以按书名、作者、出版社等进行单独检索和组合检索，这种检索方式无疑比浏览传统书目的方式便捷得多。

5)价格低廉。传统采购无论是从本地书店还是从异地书市采购，都必须派采购人员前往，花费了许多资金。网上订购则节约了这笔资金。另外，网上书店的图书一般都打折销售，有的还采用会员制，会员以优惠价购书。

6)效率高。与手段、方法较为落后的传统采购相比，网上采购更显示其高效性。传统采购环节多、手续复杂、速度慢的诸多弊端，在网上采购时都被克服了。网上采购时，一切信息和数据都通过网络传递和流动，一切均在瞬间完成，从而提高了采购效率。在上述提到的诸多优势中，笔者认为除了超越时空限制及提供增值服务是网上书店占据的绝对优势外，其他几方面仍然还是人们理想中的一种状态。

7)促进了经营管理的科学化。现代信息技术的大量运用使得网上书店能够快捷地对业务数据进行采集、统计、分析和应用，这有助于克服传统营销模式中的主观性、盲目性，对于提高经营管理水平大有裨益。

8)售后服务。网上书店除了提供购书服务，当然针对售后也有一系列的保障。例如一些书店作出“无条件退款”的服务。这在销售上保证了销售渠道上的合法性，确保图书没有盗版。

2. 我国网上书店的劣势

1)从检索来看。几乎所有的网上书店都提供了分类检索，而其分类方式、分类数目及细分层次则是各有各的一套方法。不同电商采用不同分类，这种分类的不统一性，使用户每换一家网上书店就要重新适应一种分类，极不利于用户的使用；同时细分图书的不够具体，也不利于用户选书。

2)从网上购书的效率看，支付方式和图书配送一直是困扰网上书店的两个“瓶颈”问题，阻碍着网上书店的发展。在书款支付方式上，用户必须开通网上支付功能才能进行购买，需要用户掌握一定的计算机技术。在图书配送方式上，国内网上书店仍以传统托运和邮寄为主，还未形成一个全国性的图书配送网，因而未能使网上购书实现其应有的高效性。

3)外观可能有缺陷。另外网上售书不能保障书籍在邮递中会有折角之类不同程度的损坏，这对于喜好收集的读者来说实在是不能接受的一点。

4)看不到实体书，无法详细了解内容，只能查看到书名及网站提供的部分简介内容。而书店购买可以慢慢翻阅。在书店中，如果看中一本书的话，可以随意打开粗略的翻看一下，看看自己有没有兴趣，但在网上就完全没有了这个可能。虽然从情节介绍中能大致了解到一些，但始终没有自己翻看来的自由与随意。

5)无法享受阅读的乐趣。那种在书店当中看书所带来的意境，也是网上书店无法给予的。那种闻着书香，在一排排书架前翻看自己喜欢作者最新作品的感觉，只有在书店当中才可能有。

二、网上书店营销分类体系的特点

图书营销分类是书店陈列和揭示图书、指导读者查询和购买图书的工具，具有导购和促销的重要作用。从原理上讲，营销分类体系对于网络书店至关重要。网络书店是一种虚拟店铺。网络书店营销分类体系的展开，才形成网络书店的虚拟空间。用户在网络书店看到的并不是纸质图书本身的陈列，而是有关图书的信息按照营销分类进行的有序组织。

网上书店营销分类体系的特点主要有以下几点：

1. 基本上是以《中图法》为基础构成特色的营销分类体系

网上书店营销分类都比较明显的借鉴了传统图书分类法。一些书店结合《中图法》将图书商品按学科性质进行分类，形成具有一定逻辑性的资源等级体系。如北京图书大厦网上书店营销分类将其图书商品划分为32类，许多类别都依照《中图法》进行划分。政治意识形态色彩较浓厚且很少有读者问津的类别如马恩列斯研究、哲学、宗教等都被调到了二级类目。

近年来，音像、电子出版物市场在网上书店总营业额的份量逐渐上升。许多网上书店都注意到这种变化趋势，而且相应的在音像、电子出版物营销分类做出了很大的努力。部分网上书店甚至将音像、电子出版物营销分类从出版物营销分类中独立出来，形成音像、电子出版物以及图书营销分类法三足鼎立的局面。

2. 营销分类体系也是服务于销售

这一点和实体书店的目的基本一致，但是网络书店也有其一些其特有的做法。

(1)根据关联性就图书归入一类，促进连带销售

关联性可以指学科相关性，也可以指类名及内容相关性。北京图书大厦网上书店利用学科相关性将政治、军事、法律放在一类；利用内容的相关性将食品、菜谱、烹饪放在一起，有利于读者联想查找，甚至会因为这种相关性的类目设置促进图书销售。比如，某读者在网上书店买了本介绍地方菜的图书，凑巧在这个类目下看到了一本如何烹调这道菜的烹饪书，就很有可能将其买下。这样的话，就实现了图书的关联性促销。

(2)类名设置通俗易懂，与时俱进

对熟悉所需图书商品书名的读者来说，搜索引擎的作用可能更大。因为读者可以直接在搜索引擎中键入图书名，就能找到所需图书。然而，并不是每个读者都是由于了解图书才来买书的，一些时候购书只是一种潜在需求，没有明确目标。这时，营销分类类目名称将会在其购买行为的过程中产生巨大的影响。在一般情况下，通俗易懂、迎合时代潮流的图书类别名会引起该读者的好感，促使做出购买图书的决定。如当当网将其少儿图书分为0～2岁、3～6岁、7～10岁、11～14岁、图画书等类。类名在年龄结构的设定上十分科学，通俗易懂，又具有十分强大的针对性。

3. 结合网络环境，充分发挥网络技术的长处

(1)网站首页的设计体现了营销分类的体系结构。

现在网上书店的数量非常的多，如何在激烈的竞争拔得头筹，除了价格因素外，首页的设计也是重中之重。一般情况下，网上书店的首页必然包含两个内容：主题陈列和分类体系结构。在网站的中央最醒目的位置一般都是结合当下热点做的主题陈列，例如在“抗战胜利70周年纪念日”的前夕，几乎所有的网络书店都在网站的正中央做了一个相关专题，点击打开后本店所有抗战类的图书都会罗列其中。另外在首页的左侧或右侧，基本都设置有导航条，这个一般可以认为是书店的营销分类体系，有的书店只显示到一级类目，有的能够显示到二级类目。读者可以点开任何一个类别，就可以任意查看自己所感兴趣的图书。

(2)多个营销分类系统检索入口并存

通过设置网页链接，网上书店可以为读者提供多个营销分类系统检索入口，有利于满足读者千差万别的检索需求、检索目的以及检索风格偏好。如当当网首页为读者提供不同的营销分类检索入口。熟悉当当网图书商品分类或寻找较为生僻主题图书的读者可进入“全部分类”链接，较少接触网上书店的读者可进入较为简洁的“分类浏览”链接。另外，为满足读者求新、求廉、求便的消费心理，当当网还设置了包括“最新上架”“特价书”“当当榜”“在线阅读”等“快餐式”营销分类。

(3)灵活性特征显著

网络具有用户互动性强、信息发布即时性等特点。网上书店不受物理空间的限制，网络书店营销分类可以灵活组配，实现多重列类，甚至可以进行个性化定制。并且网

上书店平台可以构建用户交互系统，用户可以对自己购买的图书进行评价，同样也可以对书店的营销分类体系、采购方向、销售策略等方面进行建议，能够更好地了解到读者的需求。比如卓越网上书店则专门在其首页开辟“网友荐书”版块，作为其营销分类的重要补充，为读者买书提供参考。另外，卓越网在首页还开设“图书论坛”，网民可以发起话题进行讨论，而网上书店可以充分挖掘这些版块所隐藏的读者需求信息，作为营销分类下一步修改工作的重要依据。

三、构建网上书店营销分类体系的方法

网上书店营销分类虽然个性鲜明，但在科学性和规范性方面还有欠缺。所以构建网上书店营销分类体系需要做到：

1. 将科学性、实用性的编制原则放在首位

科学性指的是根据图书分类学原理，结合图书的本质属性，科学合理地设置各级类目，使类目形成相对系统的等级体系。实用性指的是各营销分类法编制主体根据自身的特点，充分考虑读者的购书需求，尽可能使读者的购买过程方便、快捷。适应网上书店营销工作的营销分类的检验标准之一便是科学性与实用性的高度统一。

2. 添加分类标识和类名解释，完善网络书店营销分类体系

网上书店营销分类法都是由自然语言构成的，基本上没有分类标识。如果要将这些类目按照某个标准进行排列的话，自然语言可以用的标准也只有音序排列。假若进行音序排列的话，那么，整部营销分类法就会变的面目全非。如利用分类标识则能实现一一对应，不会出现排列混乱。同时，读者可以利用分类标识更便捷地搜寻图书。

类名解释的作用是显而易见的。它可以指定图书内容范围、规定类目定义、指出类目间关系。通俗易懂、表达力丰富科学的类名解释可以更好地帮助读者理解类目的含义，从而更方便、更顺利地寻找到所需图书。

3. 构建相对统一的营销分类体系

网上书店营销分类框架的构建应以《中图法》和传统书店的营销分类为基础，在大类的设置中不能偏离过多。统一的营销分类体系对于网上书店来说是十分必要的：首先，统一的营销分类体系有利于网上书店进行销售数据统计，做好图书市场分析工作。众所周知，销售数据统计一般都是以图书类别为单位进行统计的。假设某网上书店6月文学类图书销售23万，市场分析人员将这个数据和其他网上书店进行比较时，由于没有统一的营销分类标准，其他网上书店可能将文学类类目分为几类，还有可能改掉类名，市场分析人员要想得到准确的出版物商品文学类类目销售数据，就必须先弄清各家网上书店文学类目的设置方式，统计分析工作变得相当繁杂。假如在一个统一的营销分类法的市场环境里，市场分析工作就会变得更加快捷。

统一的营销分类体系还有利于网上书店和出版社、网上书店之间的图书商品信息交换流通。比如：你从其他网上书店采购了一批图书，如果你们的分类体系一样，它的电子编目数据就可以直接拿来导入本店的数据库，不需要任何的转换，减少了重复劳动，大大提高了工作效率。

4. 兼顾营销的同时要体现文化特色

网上书店是文化事业与网络技术相结合的产物。假如说网上书店是文化事业网络形象的重要展示平台，那么，展示这种形象的最重要的工具便是其营销分类。在网上书店购书过程中，许多读者都是先通过营销分类才能更快地寻找到所需图书。科学合理的营销分类设置能为读者较为系统地展示知识体系，能够起到一定的文化宣传、教育作用。网上书店可以对出版物商品进行科学化、系统化、有序化梳理，在此基础上设置相关类目，然后为每一类目添加通俗易懂又不失科学合理的类目名称，使网上书店营销分类成为网络中一道独特的“文化风景线”。这样，营销分类法在履行其营销职能的同时也能成为从事网上书店工作的人们完成文化使命的重要工具。

必备知识

网上书店的营销分类体系一般都简单明了，很多书店只有一、二级的结构，比如北京图书大厦就是这样。所以在分类的时候一定要完全熟悉本店的分类方法，接下来的分类工作就非常简单了。

推荐阅读

- 陈颖著．网络书店经营的理论与实务．长沙：湖南大学出版社，2007
- 北京图书大厦网络书店，http://www.bjbb.com/index.shtml

任务七

掌握门市图书分类陈列的方法和相关注意事项

学习目标

知识目标： 掌握门市图书分类陈列的基本方法。

能力目标： 门市工作人员不仅要了解整个书店的分类体系，同时也要具备对图书粗分的能力。

工作任务描述

下面是出版物发行员(中级)职业资格考试的模拟题型：

请同学们对下列图书进行粗分，给出图书的基本大类(字母和中文皆可)，并且进行级别划分，在相应的类目级别内打"√"，可跨类的图书也在相应栏目中打"√"。注意：T类不做一级类目，TS才是一级类目。

序号	书名	基本大类	一级	二级	三级	跨类
1	生活中的数学					
2	计算机在金融学中的应用					
3	计算机基础					
4	生物医学的法律和伦理问题					
5	环境生物技术应用与发展					
6	新编统计学					
7	机械与动力工程					
8	经济管理基础教程					

问题思考

请同学们按照题目要求认真完成任务，特别要注意哪些图书可以跨类陈列，为什么？

工作任务分解与实施

一、门市图书分类陈列的基本方法

凡公开销售图书的场合，都要把各类图书陈列在读者看得见的地方，以传递信息，诱导需要，方便读者，加强宣传。门市图书陈列分类是否清楚、有章法，是一个书店管理水平和工作人员文化素质高低的标志。主要有以下几种方法：

1. 按图书分类表排列图书

根据图书内容的学科性质，按图书分类表中的类目将图书集中地组织起来，成为一个有内在联系的、有逻辑性的科学体系。按图书分类表排列图书，是书店最基本的陈列方法。新书到店后按图书分类规则、图书分类程序确定类别，归入图书分类表的适当门类中。这样，这本书的陈列位置就被确定了。图书分类排架陈列，这一方法已被广大读者熟悉并接受。按分类排列法将新书上架陈列，是书店营业员的一项经常工作。

2. 运用多种图书分类标准陈列图书

图书销售的对象是广大读者，读者对图书的需求是多种多样的。为了满足读者的不同需求，在类分和陈列图书时，不仅要以图书内容的学科性质作为主要标准，还应采用其他辅助标准，如读者对象、图书文种、著作者、出版者等来进行分类陈列。为配合当前的中心任务、重大节日或专业性活动，适应对口服务，书店经常采用专题陈列法，即将图书内容划分为几个专题，然后按专题，将有关图书组织起来。这种方法带有专柜陈列的性质。

3. 做好同类书的分类陈列

同类书有广义与狭义之分。从广义上讲，分属一个类的几个子目的图书都是同类书；狭义上讲，只有根据图书分类表公开设立的最低一级类目内的各种图书，才称同类书。同类书陈列，指的是后一个概念。在书店中往往有些类图书的品种较多，在划分大类后，还要适当进一步细分，至几级不等。分到最后一级类目后，有时仍然还有为数众多的各种图书：有不同书名、不同作者的；有同一书名、不同作者的；有不同版次的等。对这些图书还需进一步划分，这就是同类书的分类陈列。类目等级分得少，同类书种类就多；分类愈细，同类书范围就相应缩小，陈列也就较为容易。

同类书的陈列以方便读者为出发点。首先要严格按照图书的本质属性进一步细分，性质相近的图书必须放在一起陈列。同时也可根据图书分类的辅助标准，将有关图书聚集在一起。此外，有些类目的同类书可参照分类法注释的规定排列。例如《中图法》中规定，马列著作单行本可按写作年代顺序排列，党的会议文献可按会议届次排列等。通过同类书分类排列，给读者提供选购图书的余地。

4. 充分运用“跨类”陈列方法

根据销售特点，有些图书可以多处同时陈列。例如《列宁论图书馆》一书，既可以在“马列著作”专柜里陈列，也可以按它的学科内容同时在“文化教育”类中陈列。同样，对于丛书、多主题书等都可采用这种陈列方法。这种对于同一种图书在有关各类重复反映的方法，在图书馆工作中称为“互见”，在书店里习惯叫“跨类”。运用“跨类”陈列方法，可以扩大图书陈列面，方便读者选购图书。

二、注意事项

1. 要设立明显的类目标志

门市图书陈列类目确定后，要做好分类陈列的布局和安排。大类、小类、子目，包括要陈列的细目，都必须有明显的标志，使读者一进门就能找到他所需图书的位置。类目标志可根据门市规模和具体条件设置。一般大类要有类牌，悬挂在书架前的上方。其他各级类目，可在书架上面或图书中间标明。营业面积较大的门市，还应给类牌编号，以便读者询问找书。在门市服务台或入口处要设置门市平面图，介绍门市图书分类陈列布局情况。中小型门市由于陈列面积不同，分类粗细也有不同，但同样需要有明显的类目标志。对子目、细目的标志要便于移动，以便根据各时期图书品种数量的变化进行调整。

2. 要认真贯彻图书分类的三项基本原则，即思想性、科学性、实用性原则

书店门市图书分类陈列，面向全社会的广大读者，影响面很广。因此，必须考虑图书的内容性质及其在科学体系中的位置和读者购书习惯，更要十分注意图书陈列的思想性，以充分发挥书店门市的社会主义宣传阵地作用。要大力宣传马列主义、毛泽东思想、邓小平理论，宣传好书，推荐好书。通过图书分类陈列突出重要的、优秀的图书，以吸引读者，发挥图书的宣传教育作用。

3. 要随时调整书架类目体系

门市图书分类陈列与确定图书分类表既有联系又有区别。图书分类表是门市进行分类陈列的依据，分类陈列是分类表的具体运用，两者是一致的。但由于门市图书流动性较大，存书结构变动频繁，在具体进行分类工作时，往往难以完全按照分类表分类。分类表有一定的稳定性，而分类陈列则体现了较大的灵活性。门市图书分类陈列要根据图书变动情况随时将书架上的存书组织起来，形成一个体系。这是一种临时组合，带有较多的人为因素。根据图书变动情况，及时对分类陈列进行调整，也是书店营业员的一项经常工作。

必备知识

门市图书的陈列摆放是一门学问，也是一种艺术。其原则性和方法性都大有文章可做，实际操作中如果处理得得当，就能够最大限度地发挥书店图书的品种优势和数量优势，从而起到有效吸引读者、扩大销售的作用。

推荐阅读

- [日]清水玲奈著．世界最美的书店．北京：北京美术摄影出版社，2015
- 杨格平主编．书店卖场营运与管理实务．重庆：重庆大学出版社，2012

项目六　图书分类在图书数据标准化中的应用

【项目情景聚焦】

图书在版编目(CIP)和国际标准书号(ISBN)是图书数据标准化的两大标志，图书分类在这两大数据中都得到了体现。

任务一

掌握图书在版编目(CIP)的基本结构

学习目标

知识目标：了解 CIP 的起源和在我国的发展，了解一下 CIP 的基本工作程序，掌握实施 CIP 的意义和作用。

能力目标：熟悉 CIP 的数据结构，通过 CIP 数据能够得出图书的各项款目。

工作任务描述

下面是《普通话语音与发声》这本书的图书在版编目数据：

普通话语音与发声/林鸿编著. —杭州：浙江大学出版社，2005.9

(现代传播/王文科主编)

ISBN 7-308-04364-9

Ⅰ. 普… Ⅱ. 林… Ⅲ. ①普通话—语音—教材 ②普通话—发音—教材 Ⅳ. H116

问题思考

1. “(现代传播/王文科主编)”代表的是这本书的什么款目？

2. 试着用《中图法》对本书进行分类，然后和本段 CIP 里的“中图分类法”款目进行比较。

工作任务分解与实施

CIP(Cataloguing in Publication)即图书在版编目。它是指在图书出版过程中，由图书馆或其他部门利用出版社提供的清样，根据一定的标准进行编目，然后再由出版社将编制的书目数据印刷在书名页上，以供出版机构、图书发行部门和图书馆共同利用。

一、CIP 在我国实施情况

1. CIP 的起源与发展

CIP 的前身是美国国会图书馆 1958 年发起的书源编目计划，借以考查由出版商在出版物上印刷国会图书馆书目数据的可行性。这项计划实施不到一年，因经费不足等原因宣告失败。1971 年 7 月美国国会图书馆在吸取了书源编目的经验教训后，再度进行试验，终于获得成功。书源编目亦改名为在版编目。不久英国、澳大利亚、西德、苏联以及加拿大、巴西、墨西哥等国家相继加入到这个计划中去。1982 年 8 月，国际图联和联合国教科文组织在加拿大渥太华召开的“国际在版编目会议”建议：每个国家都应考虑由国家书目机构或其相应的组织制订在版编目计划。1985 年 6 月，国际图联制定了国际 CIP 记录的推荐格式和用于计算机处理的 CIP 数据工作单的推荐格式。1987 年 6 月，国际标准化组织(ISO)公布了新的图书书名页国际标准(ISO 1086-87)，详细规定了 CIP 的内容、格式以及印刷的位置。CIP 计划迅速推向世界各国。目前除西方发达国家外，亚洲一些国家和地区(包括我国的台湾省)也先后开展了 CIP 工作。

2. 我国 CIP 的产生和发展

20 世纪 70 年代末，CIP 被介绍到我国。经过一段时间的舆论准备，1986 年 11 月原国家出版局和国家标准局联合在北京召开了“我国实行图书在版编目讨论会”，并成立了由国家出版局牵头，国家标准局等单位组成的中国 CIP 工作领导小组，我国 CIP 计划正式启动。书目文献出版社、北京大学出版社、青海人民出版社等率先与有关图书馆合作进行试验。1987 年 7 月 CIP 工作领导小组组织新闻出版署标准室、北京图书馆、中国科学院文献信息中心、北京大学图书馆、人民出版社、机械工业出版社、新华书店总店和信息分类编码研究所等单位，起草《图书在版编目数据》、《图书书名页》两项国家标准。1990 年 7 月由国家技术监督局正式颁布(GB12451—90、GB12450—90)，1991 年 3 月 1 日起实施。

1991 年 6 月新闻出版署向各地出版局和出版社下发了要求实施 CIP 国家标准的通知。1992 年下半年，新闻出版署决定由新闻出版署信息中心负责组织实施我国的 CIP 计划，并委托中国版本图书馆进行具体的业务工作。1993 年 2 月北京地区的人民出版社、商务印书馆、机械工业出版社等 41 家出版社先行实施 CIP 的试点工作。1994 年 1 月起北京地区所有的出版社全面实施 CIP。随后我国 CIP 计划逐步向全国铺开。截至 2000 年，全国 500 多家出版社已全部开展了 CIP 工作，编制 CIP 数据近 30 万余条。

四、CIP 数据结构

根据《图书在版编目数据》和《图书书名页》国家标准规定，CIP 数据由著录数据与检索数据两大部分组成。著录数据包括 6 个著录项目，即：书名与著作责任者项、版本项、出版项、丛书项、附注项、标准书号项；检索数据包括图书识别特点的检索点(书名检索点、著作责任者检索点)和内容主题的检索点(主题检索点、分类检索点)。CIP 数据印刷在图书主书名页背面上方。具体格式如下：

图书在版编目(CIP)数据

正书名＝并列书名：其他书名信息/第一作者；其他作者. —版次及其他版本形式/与本版有关的第一作者. —出版地：出版者，出版时间

(正丛书名＝并列丛书名/丛书主编，ISSN：丛书编号. 附属丛书名)

附注

国际标准书号(ISBN)

Ⅰ. 书名　Ⅱ. 作者　Ⅲ. 主题词　Ⅳ. 分类号

例如：

社区心理学：联结个体和社区/[美]道尔顿著；王广新等译—北京：中国人民大学出版社，2010

（心理学译丛. 教材系列）

ISBN 978-7-300-12617-3

Ⅰ. ①社… Ⅱ. ①道… ②王…　Ⅲ. ①社区服务—心理学—教材　Ⅳ. ①C916-05

五、我国 CIP 的工作程序

目前世界各国实施 CIP 的具体操作方法不尽相同，英、美等国采用依据出版商寄送新书校样进行在版编目，澳大利亚则利用出版商与图书馆之间的计算机联网进行在版编目。我国 CIP 工作领导小组根据本国国情决定采用寄送工作单的方式。具体工作程序为：

1. 由出版社的责任编辑根据新书校样填写“图书在版编目工作单”，然后由本社负责在版编目组织协调工作的同志，连同该书主书名页正面复印件，寄送中国版本图书馆在版编目部。下面是“图书在版编目工作单”示例：

图书在版编目(CIP)数据工作单

<table>
<tr><td rowspan="6">1. 书名与责任者项</td><td rowspan="2">正书名
包括 交替书名
合订书名</td><td colspan="3" rowspan="2">豆浆新饮力</td><td>卷(册)次</td><td rowspan="2"></td></tr>
<tr><td>章回数</td></tr>
<tr><td>并列书名</td><td colspan="3"></td><td></td><td></td></tr>
<tr><td>副书名及说明文字
（包括分卷册书名）</td><td colspan="3"></td><td>正文语种、
各种文字对照</td><td></td></tr>
<tr><td>第一责任者、
著作方式及国家</td><td colspan="3">王筱玲 主编</td><td>译者</td><td></td></tr>
<tr><td>其他责任者及著作方式
（包括分卷册责任者）</td><td colspan="5"></td></tr>
<tr><td rowspan="4">2. 版本及出版项</td><td>版次</td><td>1</td><td>印次</td><td>1</td><td>其他版本形式</td><td></td></tr>
<tr><td>与本版有关的责任者</td><td></td><td>责任编辑</td><td>胡开祥</td><td>电脑及 BP</td><td></td></tr>
<tr><td rowspan="2">出版地</td><td rowspan="2"></td><td rowspan="2">出版者</td><td rowspan="2"></td><td>出版年、月</td><td>2010 年 7 月</td></tr>
<tr><td>重版年、月</td><td></td></tr>
<tr><td rowspan="2">3. 载体形态项</td><td>页码或卷册数</td><td>72</td><td>图表</td><td></td><td>开本或尺寸</td><td>24</td></tr>
<tr><td>附件</td><td></td><td>字　数</td><td>18 千字</td><td>印　数</td><td>50000</td></tr>
</table>

续表

<table>
<tr><td rowspan="4">4. 丛书项</td><td>正丛书名</td><td></td><td>丛书编号</td><td></td></tr>
<tr><td>并列丛书名</td><td colspan="3"></td></tr>
<tr><td>附属丛书名</td><td></td><td>附属丛书编号</td><td></td></tr>
<tr><td>丛书责任者</td><td></td><td>ISSN</td><td></td></tr>
<tr><td rowspan="2">5. 附注项</td><td colspan="4"></td></tr>
<tr><td>翻译图书的书名原文</td><td colspan="3"></td></tr>
<tr><td rowspan="2">6. 国际标准书号、装订形式、价格</td><td>ISBN</td><td colspan="3"></td></tr>
<tr><td>装订形式</td><td>平</td><td>定价或估计</td><td>25.00</td></tr>
<tr><td>7. 提要项</td><td colspan="4">内容提要：本书是一本普及豆浆制作方法的大众类图书，介绍豆浆的起源、营养价值、功效，并列举出数十种豆浆、米浆等营养饮品的搭配和做法。</td></tr>
<tr><td>8. 排检项</td><td>主题词</td><td>豆浆</td><td>分类号</td><td>TS214.2</td></tr>
</table>

通过例子可以看到，CIP 工作单的款目非常详细，几乎包含了图书的所有属性，值得注意是最后一项就是“分类号”款目。所以作为出版社的编辑，必须掌握图书分类的知识。

2. 中国版本图书馆在版编目部在收到出版社寄来的工作单和主书名页正面复印件后，根据国家标准《普通图书著录规则》(GB3792.2—85)、《文献叙词标引规则》(GB T3860—95)和《中图法》、《汉语主题词表》进行审核、修改，并加工成 CIP 数据返回出版社印在主书名页背面。

3. 中国版本图书馆将 CIP 数据返回出版社的同时，利用计算机进行数据处理，编成书本式目录，定期送领导机关和刊登在《全国新书目》上，提供给国内外用户使用。

四、实施 CIP 的意义和作用

CIP 数据是根据相关的国家标准编制的，其内容和格式与国际标准基本接轨。CIP 数据与国际标准书号(ISBN)及其条形码(BarCode)一起成为当今世界图书不可缺少的现代化标志。因此 CIP 的实施，必将有效地促进我国图书出版、发行行业和文献信息工作的现代化建设，推动中文图书出版的标准化、规范化，提高我国出版物的国际地位，扩大中文图书的影响，为我国图书开拓国内外市场，加强国际文献信息交流，实现资源共享有着重要的意义。CIP 的具体作用有：

1. CIP 数据能够为出版、发行部门和图书馆共同利用，做到一次编目多次利用，减少重复劳动，提高编目效率和经济效益。

2. CIP 数据采用统一、权威的国家标准编制，保证了图书编目的唯一性、权威性，提高了编目质量，有利于实现书目工作的标准化、规范化。

3. CIP 数据能够很方便地转化为机读目录格式，建立书目信息机读数据库，为实现出版、发行界和图书情报部门的联机联网奠定了基础。

4. 出版、发行部门利用 CIP 数据编制图书征订目录，有利于开辟宣传渠道，增加图书的发行量。

5. 通过对 CIP 数据的分析研究，出版部门可掌握出版发展取向，制定、调整选题计划，避免重复“撞车”；发行部门可预测图书市场运作情况，为订货、添货、备货提供可靠的依据；图书馆采编人员可以通过它来选书、购书。

6. 国家书目的编制可在图书出版之前，根据 CIP 数据完成，提高了国家书目的完备性和及时性，有利于实现国家书目控制乃至国际书目控制。

7. CIP 数据提供了书名、责任者、主题、分类、ISBN 等多种检索点。为用户检索查询提供了优质便捷的服务，有利于文献信息的开发和利用。

8. 规范化的 CIP 数据，与国际标准接轨，实现了出版物自身的现代化，增加了我国图书在国际市场的影响力、竞争力。

9. CIP 的工作方式，加强了出版界、发行界与图书情报界的合作和联系，促进了国内外的文化交流，为实现文献信息资源共享打下了牢固的基础。

10. CIP 数据的机读化，有利于出版、发行和图书情报工作的自动化管理，有助于推动全国乃至全球社会信息系统计算机化、网络化的建设。

CIP 工作在我国开展时间不长，很多出版社、图书馆和图书发行部门已经开始享受到了 CIP 成果，给工作带来了很大的方便。

目前我国 CIP 存在的主要问题是：数据质量不高，直接影响了 CIP 作用的发挥。随着我国 CIP 工作的进一步推广和完善，CIP 在我国的出版、发行和图书情报工作的现代化建设中必然产生越来越大的影响。

必备知识

现在正式出版每本图书(除了中小学教材)的版权页上方都印制 CIP 数据，可以看到本书所有的重要款目，其中就包括中图分类号。但是由于各个出版社的工作人员的分类水平参差不齐，虽然都会发送中国版本图书馆在版编目部进行审核修改，但是由于工作量巨大，难免会出现没有仔细审核的现象。所以 CIP 中的中图分类法分类时可以作为一个非常好的参考对象，但不能完全照搬拿来直接用。

拓展训练

下面是《秘密花园》这本书的详细款目，请利用《中图法》给出它的分类号，并根据这些信息编出这本书的 CIP 数据。

正题名：秘密花园

副题名：一本探索奇境的手绘涂色书
丛书名：秘密花园涂绘学院系列丛书
作者：[英]乔汉娜贝斯福(Johanna Basford)著
出版地：北京
出版社：北京联合出版公司
出版时间：2015-6-1
ISBN：978-7-5502-5258-5

推荐阅读

- 傅祚华编著. 图书书名页标准解说. 北京：中国标准出版社，2007

任务二

掌握书号和刊号的相关知识

学习目标

知识目标： 了解我国图书号码的发展历史，掌握 ISBN 数据的特点，分别了解刊号和音像制品编码的相关知识。

能力目标： 熟悉 ISBN 号码的数据结构，通过 ISBN 号能查出图书的所有详细信息。

工作任务描述

下面有一些文献编码数据：

978-7-208-06164-4	0257-9413	CN12-1063
6-38	CN-Z13-15-00272	978-7-02-008435-7

问题思考

1. 上述数据哪些是 ISBN 号？

2. 请通过 ISBN 号找出图书的详细信息，并写出图书的重要款目(包括中图分类号)？

工作任务分解与实施

一、中国标准书号

1. 中国标准书号的基本情况

国际标准书号(International Standard Book Number，简称 ISBN)，是国际上通用的出版物标识编码。

中国标准书号是国际标准书号系统的组成部分，是 ISBN 系统为在中国依法设立的出版者所出版或制作的每一专题出版物及其每一版本提供的唯一确定的和国际通用的标识编号。

国际标准书号的发展历史：

1966 年 11 月，在第三届国际图书市场研究与图书贸易合理化会议上，首次提出了制定一种国际通用的图书编号系统问题。

1967 年，英国图书界创立了国际通用的图书编号方案，并在其国内试行。

1970 年，国际标准化组织 ISO 制定了 ISO 2108 国际标准书号。

1972 年，国际 ISBN 中心成立。

1978 年、1992 年，《国际标准书号》ISO 2108 先后进行了两次修订。

2005 年 6 月，ISO 2108 国际标准书号第四版颁布，并于 2007 年 1 月 1 日起在世界范围实施，从即日起，全世界所有 ISBN 代理机构将只发布 13 位的 ISBN。

中国标准书号的发展历史：

我国是世界上最早使用图书统一编号的国家之一。

1956 年 2 月，文化部颁发并实施《全国图书统一编号方案》(简称“全国统一书号”)，我国开始使用“全国统一书号”作为图书出版物的标识。该方案实施 30 余年，在图书出版发行管理中发挥了十分重要的作用。

1982 年，我国正式加入国际 ISBN 组织，并成为国际 ISBN 中心顾问组成员，在 ISBN 系统中争取到一位数字组号“7”。

1986 年 1 月，中国标准书号国家标准(GB/T 5795)正式颁布，该标准于 1987 年 1 月 1 日实施。中国标准书号由国际标准书号(ISBN)和图书分类/种次号两部分组成，其中国际标准书号(ISBN)是中国标准书号的主体，可以独立使用。从 1988 年 1 月日起废除全国统一书号，全面使用中国标准书号，这是书号是 10 位的，没有“978-”前缀。

2002 年 1 月，我国对中国标准书号(GB/T 5795—1986)进行了修订，删除了图书分类/种次号部分，中国标准书号等同采用国际标准书号结构。

2006 年 10 月 18 日，中国国家标准化管理委员会正式批准颁布了《中国标准书号》(GB/T 5795—2006)国家标准，并于 2007 年 1 月 1 日起实施。中国标准书号正式升格为 13 位，完全和国际接轨，实际上这时的中国标准书号基本上等同于 ISBN 号。

2. 中国标准书号的结构

中国标准书号由标识符 ISBN 和 13 位数字(07 年以前 10 位)编码组成。标识符“ISBN”使用大写英文字母，其后留半个汉字空，数字的各部分以半字线隔开。13 位数字编码又分为 5 部分，标准格式为：

ISBN 商品条码前缀-组区号-出版者号-出版序号-校验码

示例：ISBN 978-7-5064-2595-7

1)EAN · UCC 前缀：国际物品编码(EAN · UCC)系统提供给国际 ISBN 中心使用的产品标识编码。目前国际公认用于商品包装的编码系统称为 EAN-UCC 系统，该系统由国际物品编码协会(EAN)与美国统一代码委员会(UCC)共同开发和维护，是全球统一和通用的商业标识系统，是对全球多行业供应链进行有效管理的一套开放性国际标准。国际物品编码协会(EAN International)指定给国际标准书号(ISBN)系统的专用前缀码是 978(代表图书)，一旦现有的 10 位的 ISBN 号用完了，新申请的 ISBN 号码全部以 979 开始。

2)组区号：最短的是一位数字，最长的达五位数字，大体上兼顾文种、国别和地区。把全世界自愿申请参加国际标准书号体系的国家和地区，划分成若干地区，各有固定的编码：美国所出版的书国家代码为 0，1 代表英语，使用这两个代码的国家有：

澳大利亚、加拿大、爱尔兰、新西兰、波多黎各、南非、英国、美国、津巴布韦等；2代表法语，法国、卢森堡以及比利时、加拿大和瑞士的法语区使用该代码；3代表德语，德国、奥地利和瑞士德语区使用该代码；4是日本出版物的代码；5是俄语系国家出版物的代码；7为中国大陆出版物使用的代码等等。国家领域最长可能为5位数字(如不丹为99936)，但相对剩下能使用、分配的位数就较为狭隘。组号分为五个档次，长度为1～5位数字，其具体设置范围如下：

组号位数	设置范围	可分配的组区数	每组号允许出版量(种)	每档总计出版量(种)
一位	0～7	8	1亿	8.00亿
二位	80～94	15	1000万	1.50亿
三位	950～997	48	100万	0.48亿
四位	9980～9989	10	10万	0.01亿
五位	99900～99999	100	1万	0.01亿
合计		181		10.00亿

从这个表中可以看出，ISBN总容量是10亿种不同的出版物，可分配给181个出版量大、小不同的国家和地区。这样，出版量大的国家或地区就分配给位数少的组号如：一位数字组号可分配8个国家或地区，每组可出书1亿种；两位数字组号可分配15个国家或地区，每组可出书1千万种。反之，出版量小的国家、地区则分配给位数多的组号。如，三位数字组号可分配48个国家或地区，每组可出书1百万种；四位数字组号可分配10个国家或地区，每组可出书10万种，等等。我国加入ISBN系统后，国际ISBN中心分配给我国一位数字的组号“7”。可以出书1亿种，占总容量10亿种的十分之一，这标志着我国是世界出版大国之一。

3)出版者号：出版者号是代表组区内的具体出版者的编号。出版者号由其所隶属国家或地区的ISBN中心分配。出版者号长度可允许取1～7位数字。我国的出版者号，由中国ISBN中心分配。我国出版者号分为5档，其长度为2～6位数字。具体设置范围如下：

出版者类型	设置范围	可分配的出版者数	每组出版者号允许出版量(种)	每档总计出版量(种)
中央直属	00～09	10	100万	1000万
大型	100～499	400	10万	4000万
中型	5000～7999	3000	1万	3000万
小型	80000～89999	1万	1000	1000万
音像型	900000-999999	10万	100	1000万
合计		113410		1.00亿

从这个表中可以看出，中国ISBN总容量是1亿种不同的出版物，可分配给113410个出版量大、小不同的出版社。如：二位数字出版者号，可分配给10个出版社，每个出版者号可容出书量1百万种；三位数字出版者号，可分配给400个出版社，

可容出书量10万种，以此类推。这样，根据各出版社出版量大、小的不同，分别给予2～5位数字出版者号。其中六位数字出版者号暂不动用，留待开拓非书出版物的出版单位之用。此外，当一个出版者号所容出书量用完之后，出版者还可以向中国ISBN中心申请新的出版者号。版者号。

ISBN的前两段编号，即组号和出版者号加在一起称之为“出版者前缀”。其字符长度可取2～8位数字。出版者前缀是一个出版机构在国际上的唯一识别号。中国ISBN中心，根据国家出版局统计的历年来各出版者的出版量，给全国各出版者分配了出版者前缀。例如：

7—01　人民出版社　北京

7—212　安徽人民出版社　合肥

7—80510　学林出版社　上海

4)出版序号：是代表某出版者出版的具体出版物的编号标识，由出版者管理和分配。用以区别不同内容及不同产品形式的专题出版物。每个出版者所支配的书名号长度的位数是恒定的。这是因为：在ISBN编号的前两段(组号和出版者号)即出版者前缀已经确定之后，书名号的位数也就是9和出版者前缀位数之差。出版者可以在自己支配的书名号的范围内，给自己的出版物分配书名号。分配时一般可按出版的先后顺序编制流水号。

5)校验码：固定一位，采用模数10加权算法计算得出，其功能在于对中国标准书号的正确与否进行检验。具体算法是：用1分别乘ISBN的前12位中的奇数位，用3乘以偶数位，成绩之和以10为模即可得到校验位的值，其值范围应该为0～9。

3. 中国标准书号的分配规则：

适用对象：向中国ISBN管理机构申请并获得出版者号的出版机构或组织所出版的专题出版物。

适用范围：

1)印刷的图书和小册子(以及此类出版物的不同产品形式)；

2)盲文出版物；

3)出版者无计划定期更新或无限期延续的出版物；

4)教育或教学用影片、录像制品和幻灯片；

5)磁带和CD或DVD形式的有声读物；

6)电子出版物实物载体形式(机读磁带、光盘、CD-ROMs)或是在互联网上出版的电子出版物；

7)印刷出版物的电子版；

8)缩微出版物；

9)教育或教学软件；

10)混合媒体出版物(内容以文字材料为主的)；

11)地图及教学制图、图示类出版物。

不适用范围：

1)连续性资源(例如刊物、无限期出版的丛书以及整合性资源)；

2)暂时性印刷材料(例如广告等);

3)印刷的活页乐谱;

4)无书名页和正文的美术印刷品及美术折页印张;

5)个人文件;

6)贺卡;

7)音乐录音制品;

8)用于教育或教学目的之外的软件;

9)电子公告板;

10)电子邮件和其他电子函件。

4. 中国标准书号的功能、作用和特点

出版单位、发行单位及图书馆均可通过中国标准书号实现数据检索和信息查询,快速识别出版物的不同版本及不同产品形式,准确定位每一出版物。

国际标准书号,即ISBN是目前在国际上通用的一种科学合理的编码系统。随着这些编码的设置和分配,又形成了一套适用有效的管理系统。人们称之为ISBN系统(ISBNSystem)。由于中国标准书号是在完全采用国际标准ISBN的基础上制定的,因此中国标准书号是ISBN系统的一个子集。实施中国标准书号的主要好处是便于实现计算机对出版物在各个流通环节的科学管理,并可提高工作效率和可靠性。因此,中国标准书号的实施,必将有效地促进我国图书出版行业和整个文献工作的现代化建设,使以图书为主的出版业能充分发挥自己作为信息行业对社会发展的重要贡献,同时也为中国图书扩大国内外市场开辟了广阔的前景。

ISBN编码结构有如下特点:

(1)采用13位数字定型定长编码,结构简单、清晰,便于计算机处理。

(2)各段编号(除校验位之外)长度可变,便于出版者前缀的设置和调整,以保证编号得到充分合理的使用。

目前,世界上不同国家和地区之间,同一国家或地区的不同出版者之间,在出版量上存在很大差别。ISBN系统采用出版量越大,前缀越短,书名号越长,反之出版量越小,前缀越长,书名号越短的方法。既保证了ISBN编号定长,便于计算机管理;又由于出版者前缀长度随出版量大小变化,而使编号容量得到充分合理的利用。

(3)采用错位分档的办法,设置组号和出版者号,保证ISBN编号分段的唯一性,便于在图书贸易中进行自动化处理。

采用这种分档方法,使ISBN编号即使每段之间没有连字符隔开,也能准确分段。这就为计算机管理提供了方便。例如:当我们看到ISBN9787506483575时,首先前缀是978-7这个非常明显;接下来的数字是5,对照出版者号设置范围可以得出这是个中级出版社,所以出版社号是5064。然后就非常简单打了,校验位只有一位,必定是最后一位的5,还有四个数8357必然是出版序号。于是可以得到最终结果ISBN978-7-5064-8357-5。

(4)设置校验位,有很高的查错功能,便于计算机迅速检查该书号是否有误。

如在13位数字中某一位有误,查错率为100%;即使13位数字中两位有误(这种情况发生的概率很小)，仍有90.9%的查错率。

(5)整个编号结构的层次性，便于计算机在世界范围的分散管理以及各种自动化处理。

《中国标准书号》是ISBN的一个子集，因此，它可以在世界范围使用。而原来的“全国统一书号”只能局限于本国范围，并且无法用于计算机管理。

综上所述，ISBN确实是目前世界上最科学合理和实用的一种编码系统。采用这种编码结构的最大好处是，有利于实现计算机在世界范围内对出版物的科学管理。这就是为什么ISBN产生后，便很快在国际上获得广泛使用的原因。因此，中国标准书号的实施，必将促进我国出版、图书、情报等文献工作的现代化管理水平，为我国出版事业在国内外的发展，创造更为有利的条件。

5. ISBN管理体系

ISBN系统的行政管理分三级：国际ISBN管理机构(国际ISBN中心)、ISBN组区管理机构和出版者。国际ISBN管理机构通过组号设置和分配对各组区管理机构进行管理。ISBN组区管理机构通过出版者号的设置和分配对各出版者进行管理。出版者通过出版序号的分配对其出版物进行直接管理。

1)国际ISBN管理机构

国际ISBN管理机构代表全球的ISBN系统用户加入EAN·UCC系统，ISBN用户只须接受ISBN系统内的管理，通过国际ISBN管理机构、ISBN组区管理机构以及出版者的三级管理，对每一出版物(包括同一出版物的不同形式)赋予不同的编码，保证了该编码在世界范围内的唯一性。

2)中国ISBN中心

中国ISBN中心成立于1982年。2003年4月，根据政府职能的转变和调整，新闻出版总署将“中国ISBN中心”划归新闻出版总署条码中心管理。2010年5月，中国版本图书馆加挂新闻出版总署条码中心牌子，中国版本图书馆馆长兼任中国ISBN中心主任。

中国ISBN中心的主要职能是：

①负责中国标准书号国家标准的修订和实施；

②负责全国出版者、出版物数据库和元数据的建立、管理和维护，定期编制和草拟向新闻出版总署、国际ISBN中心报送的有关数据及工作报告；

③负责图书出版单位、音像出版单位、电子出版单位和单项电子出版物出版者前缀的登记、管理及图书、音像、电子出版物书号的发放和打印；

④负责中国标准书号使用情况的监督检查，定期提出综合分析报告；

⑤负责向有关出版、发行、图书资料单位和出版行政管理部门提供关于使用中国标准书号的技术咨询、信息服务，以及相关业务培训；

⑥代表国内所有出版者与国际ISBN中心联系；

⑦负责ISBN业务系统的运转和维护工作；

⑧负责ISBN网站的业务建设、相关资源开发利用及网站维护；

⑨协调解决出版、发行、图书、情报各部门在使用书号时遇到的问题。

3)出版者

每个出版社负责ISBN第三段编号，即书名号的分配，并以此来对其出版物进行直接管理。

中国标准书号是通过出版者最后落实的。因此，全国各出版社应严格按照有关规定使用中国标准书号，并履行以下职责：

①负责给自己出版的每一种不同出版物分配书名号，并负责“图书分类-种次号”的分配；

②向中国ISBN中心提供使用书号的各有关数据及信息；

③向各有关单位提供书号方面的服务。

由此可见，ISBN系统的各级管理机构之间并没有行政关系，它是通过对编码的设置和分配进行管理的。ISBN就是这样一个层次清楚、职责分明的科学管理体系。中国标准书号的管理主要是中国ISBN中心和各出版社这两级管理机构。

二、刊号

刊号也叫期刊代号。目前，我国正式出版的期刊，在封面、封底或其他地方(如目录页上)，一般都印有国际标准刊号、国内统一刊号、国内邮发刊号和国外发行刊号，但也有的只印有其中的一种或两种，如国际标准刊号和国内统一刊号或国内统一刊号和国内邮发代号等，自办发行的期刊则不印发行代号。了解这四种刊号的意义和作用，对于做好出版发行工作是很有必要的。

1. 国际标准刊号

1)国际标准刊号的编码结构

国际标准刊号是ISDS(国际数据中心)规定给连续出版物的一种代号，它由以“ISSN”为前缀的8位阿拉伯数字组成。为便于阅读，8位数字分为两组，每组各4位数，以连接符号“-”相接。(计算机存储时可省略ISSN字母和连字符)国际标准刊号与国际标准书号(ISBN)不同，它纯粹是由数码组成，不包含任何出版社和出版国的信息，仅仅是期刊的顺序号。8位数字的最后一位为校验位。

2)国际标准刊号的特点

ISSN编码不表示国别、语种，也不反映某学科类别，仅仅是识别某一特定题名的连续出版物的代码。它的作用体现在：①专指性；②识别性；③可验性。

ISSN对每一种刊名是唯一的，如果刊名变更，就必须冠以新的ISSN号，曾经使用过的ISSN号永久不在另一刊上使用。

3)国际标准刊号的管理

①国际ISDS中心

国际标准刊号是由国际标准化组织(ISO)1975年颁布的。即：《国际标准连续出版物号》(International Standard Serial Number，简称ISSN)，标准代号：ISO3297-75。管理机构设在巴黎的国际连续出版物数据中心，即国际ISDS中心。该中心负责将号码分配给所属的国家或地区的ISDS中心，再由后者将号码分配给业已向中心登记的连续出版物。国际标准刊号应印在期刊封面右上角的突出位置上。

②中国 ISDS 中心

1986 年底，中国 ISDS 中心正式成立，设在北京图书馆内。目前国际 ISDS 中心已分配给我国国家中心 2000 个 ISSN 号码，正式出版的期刊可以申请它。

2. 国内统一刊号

1988 年 12 月 10 日，国家技术监督局正式发布了《中国标准刊号》(GB9999—88)并从 1989 年 7 月 1 日起在全国实施，里面就详细规定了国内统一刊号的结构和使用准则。

1)国内统一刊号的编码结构

中国标准刊号由国际标准刊号和国内统一刊号这两部分组成。一般格式为：

CN××-××××/YY

如：《大学图书情报学刊》CN34-1141/G2

国内统一刊号组成了中国标准刊号，一般在期刊的封面、封底或版权页上印制，上方为国际标准刊号，下方国内统一刊号，中间用横杠隔开。如《大学图书情报学刊》的中国标准刊号为：

ISSN1006-1525

CN34-1141/G2

国内统一刊号是国家新闻出版署对报刊实行统一管理，规定给正式出版报刊的一组号码。其组成是："CN"为中国国别代码；CN 后面的数字为地区代码(如 34 为安徽省)；连接号"—"后面是序号，即各省、自治区、直辖市报刊登记顺序的编码，定长为 4 位，其编号各地区一律从 0001 起到 9999，共有一万个报刊编码；其中 0001—0999 统一作为报刊的序号，1000—4999 统一作为期刊的序号，5000—9999 暂不使用；斜线"?"后为分类号，它按照《中图法》的基本大类给出。(1—2 级类目)

2)实施国内统一刊号的意义

根据规定：所有批准登记的报刊，不论其发行范围如何，均可分配国内统一刊号。其中公开发行的报刊还可以分配国际标准刊号。这样，中国标准刊号既有作为国际标准接口的国际标准刊号，又有独具我国特色、体现内外有别的国内统一刊号，并克服了国际标准刊号中不含任何出版地信息的缺点。它结构简明，多方兼顾，使用灵活，便于管理。总之，国际标准刊号和中国标准刊号是期刊工作标准化的一个组成部分。它的建立，为出版发行部门利用计算机或其他现代化技术管理期刊，进行期刊的出版发行和信息交换，都提供了很大的方便。

3. 国内邮发代号

1)国内邮发代号编码结构

国内邮发代号通常也叫国内代号或邮发代号，是邮局为了便于管理，而规定与期刊刊名相对应的一组数码，由地区代码加期刊顺序号两部分组成。其结构形式为：地区代码-期刊顺序号。

如：《中国口岸》的国内邮发代号为：26-78。地区代码由邮局统一给定。

2)国内邮发代号的作用

每一种期刊邮局分配给一个代号。国内邮发代号的作用主要体现在三个方面：

①邮局用它来收订发行期刊。凡有国内邮发代号的期刊，都可以直接向邮局订阅。

因此，订户到邮局订阅期刊，务必将所订期刊的刊名和邮发代号填写清楚。

②读者用它来验证期刊的编辑出版地。由于每个省、市、自治区都有一个固定不变的代号，只要看到了某一期刊的邮发代号，就可以知道该刊的编辑出版所在地。

③图书情报、出版发行部门用它来管理现刊。对现刊进行登记、整序、上架保管、下架配套装订，采用邮发代号比采用分类法往往要准确、简便得多；此外，图书情报部门还可以用它来增订、补订有关期刊，用它来制作期刊目录，满足读者从这方面检索期刊的要求。当然邮发期刊只是正式出版期刊中的一部分，我们利用邮发代号时，要注意到这一点，不要把非邮发期刊给漏掉了。

三、音像制品编码

如某一音像公司分配到的出版码为 A04，它在 1995 年录制了一盒题为《南京风光》的录像制品，其中包括 8 个南京著名景点。由于独立节目源少于 10 项，所以应使用 A 型记录码(假使该记录码为 0298)，则该录像带的 ISRC 编码及相应节目内容表示如下：

ISRC CN-A04-95-0298-0/V·J4(《南京风光》整体记录编码)

ISRC CN-A04-95-0298-1(《南京风光之一——夫子庙》)

ISRC CN-A04-95-0298-6(《南京风光之六——雨花台》)

上述例子过于单一、陈旧，所以这一段改为：

例如：

ISRC CN-D14-10-0165-0/V·J9《线人》，从号码上就能看出这是 2010 年录制的一部电影电视类(J9)的视频资料，实际上这是一部电影 DVD 光盘。

ISRC CN-C13-02-307-00/V·J6《席琳迪翁精选集》，通过 ISRC 可以发现这是 2002 年发行的音乐类(J6)视频资料，应该是一个欧美流行音乐 VCD 光盘，并且至少收录了 10 首歌曲(记录码 307 为三位)。

ISRC CN-E02-93-316-00/A·J6《牵手》(苏芮)，按照上述知识，这是 1993 年发行的音乐类音像制品，应该是一盘收录了 9 首歌曲以上的流行音乐磁带。

国际上对音像制品同样有标准编码。这就是 ISO3981—1986《国际标准音像制品编码》(International Standard Recording Code，简称 ISRC)。中国标准音像制品编码由国际标准音像制品编码(ISRC)和类别代码两部分组成。其中 ISRC 编码是中国标准音像制品编码的主体，可以独立使用。类别代码用以说明一个音像制品整体记录的载体类型和学科分类。ISRC 码和类别码之间以斜线“/”分隔。其结构是：

ISRC 国家码—出版者码—录制年码—记录码—记录项码/类别代码。

国家码：标识音像制品出版者所在国家的名称代码，由 2 个字符组成。我国的音像制品统一用 CN 表示。

出版者码：标识音像制品出版者的代码，由 3 个字符的字母、数字组成。一般情况下，3 个字符中至少要有一个字母或数字。在我国是由新闻出版署内的 ISRC 中心分配和管理。每一个独立经营的音像制品出版者得以分配一个出版者码。如深圳市激光节目出版发行公司的 ISRC 出版者码是 F27。

录制年码：标识音像制品录制出版的年份代码。以音像制品录制出版年代的最后 2

位数字组成。如 10 代表 2010 年。

记录码：标识一个音像制品记录的整体代码。由 4 位数字或 3 位数字组成。分别称为 A 型记录码和 B 型记录码。音像制品中的独立节目数少于 10 项时，记录码取 4 位数学(A 型记录码)，其取值范围为 0000—2999；多于 9 项时，记录码取 3 位数字(B 型记录码)，取值范围是 300—999。

记录项码：标识一个音像制品记录中每一项独立节目的代码。由 1 位数学或 2 位数字组成。A 型记录码属下的记录项码取 1 位数字(0—9)；B 型记录码属下的记录码取 2 位数字(00—99)。其中“0”或“00”是一个音像制品的整体记录项码，其他记录项码的数值“1—9”、“01—99”依该音像制品的独立节目项数分别循序确定。

记录码和相应的记录项码的长度之和恒为 5 位数字。

类别代码由载体代码和分类代码两部分组成。载体代码由 1 个大写字母组成。根据 GB3469-83 中对文献载体代码(单字码)的规定，录音制品载体代码为“A”；录像制品载体代码为“V”。分类代码由 1—2 个字符组成，根据音像制品的主要学科范畴，按《中国图书馆图书分类法》的基本大类给出。载体代码与分类代码之间用“・”分隔。如 AB・G4、V・T 等。

如某一音像公司分配到的出版码为 A04，它在 1995 年录制了一盒题为《南京风光》的录像制品，其中包括 8 个南京著名景点。由于独立节目源少于 10 项，所以应使用 A 型记录码(假使该记录码为 0298)，则该录像带的 ISRC 编码及相应节目内容表示如下：

ISRC CN-A04-95-0298-0/V・J4(《南京风光》整体记录编码)；

ISRC CN-A04-95-0298-1(《南京风光之一——夫子庙》)；

ISRC CN-A04-95-0298-6(《南京风光之六——雨花台》)。

中国标准音像制品除使每一种音像制品以及它所包含的第五项独立的节目均获得一个唯一的国际标准音像制品编码(ISRC)外，还具有明显的类别区分。该码应以横排方式印刷在各类音像制品的装帧和片芯纸的显著位置。录像制品还须将该码显示在片头和其他重要画面上。

必备知识

一、国内常见文献编码情况汇总表

编码名称	英文简称	结构和反映内容	应用文献	有没有分类标识
中国标准书号	ISBN	五段，有国家和出版者代码	图书	一开始有，但 2002 年废止(和 CIP 重复了)
国际标准刊号	ISSN	两段，无任何标识内容	期刊	无
国内统一刊号	无	三段，有地区代码	期刊报纸	有
国内邮发代号	无	两段，有地区代码	期刊报纸	无
中国标准音像制品代码	ISRC	六段，有地区、出版者、年份、音像类型代码	单独出版的音像制品	有

二、文献信息网络搜索

随着信息技术的迅猛发展，网上信息资源的日益丰富，越来越多的人把网络作为日常获取信息的重要渠道，并且随着移动网络的普及，任何时间、任何地方都可以获取到自己所需的信息。当然文献信息当然也不例外，只要国内公开出版的文献，不管图书、期刊、报纸还是电子出版物，通过网络都可以检索到相关信息。

大部分人检索信息资源还是习惯通过搜索引擎，但是检索文献信息最好通过专业的检索平台，下面就向大家推荐两个最权威的数据库：

1. 国家图书馆馆藏目录查询系统

中国国家图书馆馆藏丰富，品类齐全，古今中外，集精结粹。作为国家藏书机构，中国国家图书馆依法接收中国大陆各出版社送缴收藏的出版样书，此外还收藏中国大陆的非正式出版物，例如各高校的硕博士学位论文均在中国国家图书馆的收藏之列。是图书馆学专业资料集中收藏地和全国年鉴资料收藏中心。从藏书量和图书馆员的数量看，中国国家图书馆是亚洲规模最大的图书馆，世界上最大的国家图书馆之一，是世界著名的国家图书馆。

所以通过这个平台，可以检索到新中国成立后所有公开发行的出版物的详细信息(包括中图分类号)，部分图书甚至可以浏览电子版全文。另外该数据库的检索途径非常的全，除了可以通过 ISBN、ISSN、ISRC 三个编码搜索以外，甚至可以通过中图分类号进行检索。如果大家想检索文献信息，首选该数据库。

2. CALIS(中国高等教育文献保障系统)

中国高等教育文献保障系统(China Academic Library & Information System，简称 CALIS)，是经国务院批准的我国高等教育“211 工程”“九五”“十五”总体规划中三个公共服务体系之一。CALIS 的宗旨是，在教育部的领导下，把国家的投资、现代图书馆理念、先进的技术手段、高校丰富的文献资源和人力资源整合起来，建设以中国高等教育数字图书馆为核心的教育文献联合保障体系，实现信息资源共建、共知、共享，以发挥最大的社会效益和经济效益，为中国的高等教育服务。简单地说，CALIS 是全国最好的 500 家高校图书馆馆藏的联合目录。

CALIS 的数据库也基本收录了中华人民共和国成立后所有公开发行的图书，并且国图没有收录的一些地方特色文献在 CALIS 中也能找到。它目前的检索途径有六个：题名、责任者、主题、分类号、ISBN 和 ISSN 号，也基本能满足大家的检索需求。

拓展训练

这是某本杂志的 ISSN 号：2095-6053，请通过网络信息检索找到这是什么杂志，并且给出相对应的中图分类号。

推荐阅读

• 国际 ISBN 中心编. 国际标准书号(ISBN)用户手册. 北京：中国标准出版社，2012

• 崔明明编著. ISSN 注册与管理. 北京：国家图书馆出版社，2013

附录一 《中图法》简表(第五版)

基本部类	基本大类	简表(二级类)	
马克思主义、列宁主义、毛泽东思想	A 马克思主义、列宁主义、毛泽东思想、邓小平理论	A1 马克思、恩格斯著作 A2 列宁著作 A3 斯大林著作 A4 毛泽东著作 A49 邓小平著作 A5 马克思、恩格斯、列宁、斯大林、毛泽东、邓小平著作汇编	A7 马克思、恩格斯、列宁、斯大林、毛泽东、邓小平生平和传记 A8 马克思主义、列宁主义、毛泽东思想邓小平理论的学习和研究
哲学	B 哲学、宗教	B0 哲学理论 B1 世界哲学 B2 中国哲学 B3 亚洲哲学 B4 非洲哲学 B5 欧洲哲学 B6 大洋州哲学	B7 美洲哲学 B80 思维科学 B81 逻辑学(论理学) B82 伦理学(道德学) B83 美学 B84 心理学 B9 宗教
社会科学	C 社会科学总论	C0 社会科学理论与方法论 C1 社会科学概况、现状、进展 C2 社会科学机构、团体、会议 C3 社会科学研究方法 C4 社会科学教育与普及 C5 社会科学丛书、文集、连续性出版物 C6 社会科学参考工具书 [C7]社会科学文献检索工具书 C79 非书资料、视听资料	C8 统计学 C91 社会学 C92 人口学 C93 管理学 [C94] 系统科学 C95 民族学、文化人类学 C96 人才学 C97 劳动科学
	D 政治 法律	D0 政治学、政治理论 D1 中国共产党 D33/37 各国共产党 D4 工人、农民、青年、妇女运动与组织 D5 世界政治	D6 中国政治 D73/77 各国政治 D8 外交、国际关系 D9 法律
	E 军事	E0 军事理论 E1 世界军事 E2 中国军事 E3/7 各国军事	E8 战略学、战役学、战术学 E9 军事技术 E99 军事地形学、军事地理学

续表

基本部类	基本大类	简表(二级类)	
社会科学	F 经济	F0 经济学 F1 世界各国经济概况、经济史、经济地理 F2 经济管理 F3 农业经济 F4 工业经济	F49 信息产业经济 F5 交通运输经济 F59 旅游经济 F6 邮电通信经济 F7 贸易经济 F8 财政、金融
	G 文化、科学、教育、体育	G0 文化理论 G1 世界各国文化与文化事业 G2 信息与知识传播	G3 科学、科学研究 G4 教育 G8 体育
	H 语言 文字	H0 语言学 H1 汉语 H2 中国少数民族语言 H3 常用外国语 H4 汉藏语系 H5 阿尔泰语系(突厥-蒙古-通古斯语系) H61 南亚语系(澳斯特罗-亚细亚语系) H62 南印语系(达罗毗荼语系、德拉维达语系) H63 南岛语系(马来亚-玻里尼西亚语系) H64 东北亚诸语言	H65 高加索语系(伊比利亚-高加索语系) H66 乌拉尔语系(芬兰-乌戈尔语系) H67 闪-含语系(阿非罗-亚细亚语系) H7 印欧语系 H81 非洲诸语言 H83 美洲诸语言 H84 大洋州诸语言 H9 国际辅助语
	I 文学	I0 文学理论 I1 世界文学	I2 中国文学 I3/7 各国文学
	J 艺术	J0 艺术理论 J1 世界各国艺术概况 J19 专题艺术与现代边缘艺术 J2 绘画 J29 书法、篆刻 J3 雕塑 J4 摄影艺术	J5 工艺美术 [J59] 建筑艺术 J6 音乐 J7 舞蹈 J8 戏剧、曲艺、杂技艺术 J9 电影、电视艺术
	K 历史 地理	K0 史学理论 K1 世界史 K2 中国史 K3 亚洲史 K4 非洲史 K5 欧洲史	K6 大洋州史 K7 美洲史 K81 传记 K85 文物考古 K89 风俗习惯 K9 地理

续表

基本部类	基本大类	简表(二级类)	
自然科学	N 自然科学总论	N0 自然科学理论与方法论 N1 自然科学概况、现状、进展 N2 自然科学机关、团体、会议 N3 自然科学研究方法 N4 自然科学教育与普及 N5 自然科学丛书、文集、连续性出版物 N6 自然科学参考工具书	[N7] 自然科学文献检索工具 N79 非书资料、视听资料 N8 自然科学调查、考察 N91 自然研究、自然历史 N93 非线性科学 N94 系统科学 [N99] 情报学、情报工作
	O 数理科学和化学	O1 数学 O3 力学 O4 物理学	O6 化学 O7 晶体学
	P 天文学 地理科学	P1 天文学 P2 测绘学 P3 地球物理学 P4 大气科学(气象学)	P5 地质学 P7 海洋学 P9 自然地理学
	Q 生物科学	Q1 普通生物学 Q2 细胞生物学 Q3 遗传学 Q4 生理学 Q5 生物化学 Q6 生物物理学 Q7 分子生物学 Q81 生物工程学(生物技术)	[Q89] 环境生物学 Q91 古生物学 Q93 微生物学 Q94 植物学 Q95 动物学 Q96 昆虫学 Q98 人类学
	R 医学 卫生	R1 预防医学、卫生学 R2 中国医学 R3 基础医学 R4 临床医学 R5 内科学 R6 外科学 R71 妇产科学 R72 儿科学 R73 肿瘤学	R74 神经病学与精神病学 R75 皮肤病学与性病学 R76 耳鼻咽喉科学 R77 眼科学 R78 口腔科学 R79 外国民族医学 R8 特种医学 R9 药学
	S 农业科学	S1 农业基础科学 S2 农业工程 S3 农学(农艺学) S4 植物保护 S5 农作物	S6 园艺 S7 林业 S8 畜牧、动物医学、狩猎、蚕、蜂 S9 水产、渔业

续表

<table>
<tr><th>基本部类</th><th>基本大类</th><th colspan="2">简表(二级类)</th></tr>
<tr><td rowspan="4">自然科学</td><td>T
工业技术</td><td>TB 一般工业技术
TD 矿业工程
TE 石油、天然气工业
TF 冶金工业
TG 金属学与金属工艺
TH 机械、仪表工业
TJ 武器工业
TK 能源与动力工程</td><td>TL 原子能技术
TM 电工技术
TN 电子技术、通信技术
TP 自动化技术、计算机技术
TQ 化学工业
TS 轻工业、手工业、生活服务业
TU 建筑科学
TV 水利工程</td></tr>
<tr><td>U
交通运输</td><td>U1 综合运输
U2 铁路运输
U4 公路运输</td><td>U6 水路运输
[U8] 航空运输</td></tr>
<tr><td>V
航空
航天</td><td>V1 航空、航天技术的研究与探索
V2 航空</td><td>V4 航天(宇宙航行)
[V7] 航空、航天医学</td></tr>
<tr><td>X
环境科学、劳动保护科学(安全科学)</td><td>X1 环境科学基础理论
X2 社会与环境
X3 环境保护管理
X4 灾害及其防治</td><td>X5 环境污染及其防治
X7 行业污染、废物处理与综合利用
X8 环境质量评价与环境监测
X9 安全科学</td></tr>
<tr><td>综合性图书</td><td>Z
综合性图书</td><td>Z1 丛书
Z2 百科全书、类书
Z3 辞典
Z4 论文集、全集、选集、杂著</td><td>Z5 年鉴、年刊
Z6 期刊、连续性出版物
Z8 图书报刊目录、文摘、索引</td></tr>
</table>

附录二 《图书分类学》教材大纲

一、教材基本信息

课程编码		课程性质	专业核心课		
适用专业	出版与发行(140600)				
总学时	64	其中实训学时	25	执笔人	张明

二、教材的性质、任务

1. 教材性质

《图书分类学》是出版与发行专业的专业核心课程，通过学习使出版发行专业学生熟悉图书分类工作，掌握基本图书分类程序和图书分类技能。

2. 教材任务

了解图书分类的基础知识，掌握图书营销分类的各种方法；能准确进行三级条目的分类；会结合图书销售进行图书营销分类，为科学、合理地陈列出版物打好基础。教学侧重于培养学生的实际操作能力，将理论与实际联系起来，在为学生奠定理论基础的同时，也为学生创造更多的练习机会，使他们在掌握牢固的理论知识的同时，也能够熟练的使用图书分类法。

3. 教学基本要求

本课程教学既要体现课程的理论性，又要注意理论联系实际，运用实训教学。通过本课程的学习，学生能够了解相应的图书分类概念以及图书分类法体系结构，熟练掌握图书分类方法。要求学生积极参与实训环节，通过实际操作来巩固理论知识。

三、教学方法和手段、课时安排

教学方法和手段：本课程的理论课以课堂讲授为主，后来的分类实习教学采用1+1教学方法，也就是第一节课在课堂教授分类方法和分类注意事项，第二节课安排实习任务进行对应内容的实践，适时开展一定的课堂研讨和课外参观实践活动。

课时安排：总学时64学时，其中课堂授课39学时，实训或案例教学25学时，实训或案例教学占总学时的39.1%。

四、课程的教学内容、重点和难点

项目一 掌握图书分类的基础理论

【授课学时】4。

【项目情景聚焦】

图书分类在图书发行工作中有着广泛的应用，它是图书发行工作的有机组成部分，并与图书发行工作的各个环节、各部门紧密地结合在一起，成为书店各项工作的基础，在学习图书分类方法之前，要了解图书分类的产生与发展，掌握图书分类的基本概念、意义和作用，以及学习图书分类的方法。

【教学方法】课堂讲授。

【任务分解】

任务一、了解图书分类的产生与发展。

任务二、掌握图书分类的基本概念、图书分类的意义和作用。

【教学重点、难点】

重点：图书分类的基本概念、图书分类在图书发行中的作用。

难点：无。

项目二 熟悉图书分类法的体系结构

【授课学时】8(实习课时4)。

【项目情景聚焦】

图书分类法是图书分类人员用泪类分图书、组织图书的工具，所以要熟悉图书分类法中各类目之间的关系，掌握类目表的组成和作用，以及图书分类法的结构组成和各部分的功能，为以后熟练的操作打下坚实的基础。

【教学方法】1+1教学方式。

【任务分解】

任务一、掌握类目间的五大关系。

任务二、熟悉类目表的组织结构。

任务三、了解标记符号的种类、编号制度和相关辅助符号。

任务四、了解注释和索引的作用。

【教学重点、难点】

重点：类目间的六大关系、类目表的组成。

难点：相关辅助符号。

项目三 熟练掌握图书分类的基本方法

【授课学时】12(实习课时5)。

【项目情景聚焦】

图书分类的是一项十分细致的工作，是一种复杂的思维劳动过程，学生必须掌握图书分类的要求和步骤，并且了解分类标引的基本规则。在实践教学中，学生必须熟练对单主题、多主题图书喝各种编制体例图书的分类：其中多主题图书的分类是难点，要着重讲解。

【教学方法】任务一课堂讲授；任务二至七采用1+1教学方法。

【任务分解】

任务一、了解图书分类的基本要求。

任务二、做好图书分类第一步：主题分析。

任务三、顺利完成图书分类其他步骤。

任务四、熟悉图书分类基本规则、掌握单主题图书分类方法。

任务五、掌握多主题图书分类方法。

任务六、了解不同编制体例图书的分类方法。

【教学重点、难点】

重点：主题分析方法、图书分类的基本规则、单主题、多主题图书分类标引规则。

难点：多主题图书分类标引规则。

项目四　掌握各类图书的分类方法

【授课学时】22(实习课时 11)。

【项目情景聚焦】

掌握了基本的分类方法以后，对图书分类有了大概的认识，但是各类图书的分类却有很多的不同，我们按照《中图法》的体系结构，分门别类的一一进行介绍，每个分解的任务通过大量的实习巩固复习《中图法》的使用。

【教学方法】1+1 教学方法。

【任务分解】

任务一、掌握马列主义、毛泽东思想、邓小平理论图书分类规则。

任务二、掌握哲学图书的分类规则。

任务三、掌握政治、法律和军事类图书的分类规则。

任务四、掌握经济、教育文化体育类图书的分类规则。

任务五、掌握语言文字、历史类图书的分类规则。

任务六、掌握文学类图书的分类规则。

任务七、掌握艺术类图书的分类规则。

任务八、掌握自然科学基础科学图书的分类规则。

任务九、掌握自然科学应用科学图书的分类规则。

任务十、掌握工业类图书的分类规则。

任务十一、掌握综合性图书的分类规则。

【教学重点、难点】

重点：语言文字、文学、工业技术类的分类规则。

难点：无。

项目五　掌握图书营销分类的各种方法

【授课学时】14 课时(实习课时 4)。

【项目情景聚焦】

图书营销分类工作在出版发行企业图书营销管理中具有重要的地位，图书营销分类和图书馆图书分类在分类原理和方法上有很多是相同或相通的，但是图书营销分类又有其明显的专业特征。作为一名出版发行员，要将《中图法》与图书营销分类相结合，在门市陈列和图书销售中灵活运用图书分类。

【教学方法】任务一至三采用课堂讲授；任务四至七采用 1+1 教学方法。
【任务分解】
任务一、熟悉图书营销分类的基础理论。
任务二、熟悉图书营销分类的特点以及和普通图书分类的区别。
任务三、掌握图书营销分类体系的相关知识。
任务四、掌握综合性书店图书营销分类方法。
任务五、掌握专业性书店图书营销分类方法。
任务六、掌握网上书店图书营销分类相关知识。
任务七、掌握门市图书分类陈列的方法和相关注意事项。
【教学重点、难点】
重点：图书营销分类的特点、图书营销分类体系的相关知识、门市图书分类陈列。
难点：无。

项目六 图书分类在图书数据标准化中的应用
【授课学时】4。
【项目情景聚焦】
图书在版编目(CIP)和国际标准书号(ISBN)是图书数据标准化的两大标志，图书分类在这两大数据中都等到了体现。
【教学方法】任务一采用 1+1 教学方法；任务二采用课堂讲授。
【任务分解】
任务一、熟悉图书在版编目(CIP)的基本结构。
任务二、掌握书号和刊号的相关知识。
【教学重点、难点】
重点：图书在版编目(CIP)、国际标准书号的基本结构。
难点：无。

五、学时分配

以表格方式表现各章节的学时分配，表格如下：

项目	主要内容	各教学环节学时分配			备注
		讲授	实训	小计	
1	图书分类基础理论	4	0	4	
2	图书分类法的体系结构	4	4	8	
3	图书分类的基本方法	7	5	12	
4	各类图书的分类方法	11	11	22	
5	图书营销分类的各种方法	10	4	14	
6	图书分类在图书数据标准化中的应用	3	1	4	
合计		39	25	64	

六、考核方式

1. 课程成绩由考试成绩与平时成绩两部分组成，各占70%和30%。

2. 课程的考试以期中、期末考核为主要形式，各占总成绩的30%和40%。可进行理论知识部分考核和实践技能部分考核，各占考试成绩的50%。

3. 平时成绩主要从出勤率(含课堂表现)、作业完成情况、平时的实验、实习、实训表现等方面进行考核。

七、实习工具书和教学参考书

实习工具书：国家图书馆《中国图书馆分类法》编辑委员会编. 中国图书馆分类法·简本(第五版). 北京：北京图书馆出版社，2010。

教学参考书：国家图书馆《中国图书馆分类法》编辑委员会编.《中国图书馆分类法》第五版使用手册. 北京：北京图书馆出版社，2010。

参考文献

[1] 北京大学图书馆学系图书分类编写组编. 图书分类[M]. 北京：国家图书馆出版社，2013。
[2] 蒋元卿. 中国图书分类之沿革[M]. 北京：国家图书馆出版社，2013。
[3] 白国应. 图书分类学[M]. 北京：国家图书馆出版社，2013。
[4] 周继良. 图书分类学[M]. 北京：国家图书馆出版社，2013。
[5] 吴昌合. 图书分类[M]. 合肥：安徽大学出版社，2002。
[6] 国家图书馆中国图书馆分类法编辑委员会. 中国图书馆分类法(第五版)[M]. 北京：国家图书馆出版社，2012。
[7] 国家图书馆中国图书馆分类法编辑委员会. 中国图书馆分类法(第五版)使用手册[M]. 北京：国家图书馆出版社，2010。
[8] 卜书庆，刘华梅. 中国图书馆分类法第五版与第四版增删改类目对照表[M]. 北京：国家图书馆出版社，2013。
[9] 吴简易. 书籍的历史[M]. 太原：希望出版社，2008。
[10] 宋学清，王双. 文献分类标引[M]. 西安：西安地图出版社，2007。
[11] 郑士德. 图书发行学案例教程[M]. 北京：人民出版社，2014。
[12] 孙文杰. 中国图书发行史[M]. 武汉：武汉大学出版社，2015。
[13] 翁耀明. 图书发行文集[M]. 武汉：华中师范大学出版社，2011。
[14] 罗紫初. 图书发行教程[M]. 沈阳：辽海出版社，2001。
[15] 新闻出版总署出版物发行管理司. 图书发行工作手册[M]. 北京：中国青年出版社，2002。
[16] 高玉厚. 图书发行员培训教材[M]. 太原：三晋出版社，2008。
[17] 新闻出版总署人事教育司，新闻出版总署职业技能鉴定指导中心. 出版物发行员职业资格培训教材(中级)[M]. 北京：中国书籍出版社，2007。
[18] 新闻出版总署人事教育司，新闻出版总署职业技能鉴定指导中心. 出版物发行员职业资格培训教材(基础知识)[M]. 北京：中国书籍出版社，2007。
[19] 新闻出版总署职业技能鉴定指导中心，中国出版科学研究所. 出版物发行员职业资格培训指导，(中级)[M]. 北京：中国书籍出版社，2007。
[20] 新闻出版总署职业技能鉴定指导中心，中国出版科学研究所. 出版物发行员职业资格培训指导，(基础知识)[M]. 北京：中国书籍出版社，2007。
[21] 王建强. 中国出版物营销分类方法[M]. 北京：中国书籍出版社，2005。
[22] 黄璇. 我国传统零售书业营销分类研究[D]. 武汉：武汉大学，2005。
[23] 时红明. 中国图书分类法的历史嬗变探究[J]. 农业网络信息，2005，01。
[24] 丁登花. 近十年古代图书分类研究述评[J]. 文教资料，2012，19。

[25] 俞欣. 近五年我国书店图书分类研究进展[J]. 图书馆论坛，2006，02。
[26] 王丙炎，李俊. 网络书店营销分类探讨[J]. 出版科学，2009，02。
[27] 胡长青. 网上书店营销分类探析[J]. 出版与印刷，2009，03。
[28] 薛敏. 图书营销分类体系整合重构——出版行业竞争能力全面提升之路[J]. 内蒙古科技与经济，2010，18。
[29] 邢瑞华. 国际标准书号(ISBN)用户手册[M]. 北京：中国标准出版社，2012。
[30] 许绵. 图书在版编目工作手册[M]. 北京：国家图书馆出版社，2013。